BLIOTHÈQUE ORIENTALE ELZÉVIRIENNE

CATÉCHISME BOUDDHIQUE

OU

INTRODUCTION

A LA DOCTRINE DU BOUDDHA GOTAMA

*Extrait, à l'usage des Européens, des livres saints
des Bouddhistes du Sud et annoté*

PAR

SOUBHADRA BHIKSHOU

PARIS

ERNEST LEROUX, ÉDITEUR

28, RUE BONAPARTE, 28

1889

BIBLIOTHÈQUE ORIENTALE ELZÉVIRIENNE

LXI

CATÉCHISME BOUDDHIQUE

(61)

PRÉFACE

Les ouvrages sur le Bouddhisme sont nombreux, mais ils sont trop considérables et ne sont écrits que pour les savants. On manquait, au contraire, jusqu'ici d'un livre qui s'adressât à tout le monde et qui exposât la sublime doctrine du Bouddha Gotama, non comme une science morte, mais comme la source encore vivante, toujours claire et pure de la vérité.

Le premier essai, fait dans cette voie, a été le « Catéchisme Bouddhique » d'Henry S. Olcott. Ce petit livre n'était destiné d'abord qu'à l'instruction d'enfants singhalais ; il ne répondait pas, par conséquent, aux exigences d'un public éclairé européen. Cependant il a eu un grand succès ; ce qui prouve que, même en Occident, on commence à s'intéresser à la religion Bouddhique.

Les disciples du Bouddha ne pouvaient pas se contenter de constater ce fait. Ils ont reconnu qu'il leur imposait le devoir de publier un catéchisme bouddhique qui, destiné à des hommes faits et intelligents, contint, en résumé, tous les principes fondamentaux de la doctrine, tout en laissant de côté les ornements inutiles que la superstition et l'imagination enfantine des peuples de l'Orient y ont ajoutés dans le cours des siècles. Tel est le but de cet opuscule.

Bien des gens se refusent encore à voir dans le progrès matériel et dans l'accroissement du bien-être le but suprême de notre existence. Bien des gens se détournent avec dégoût de la lutte sauvage et chaque jour plus impitoyable que les passions égoïstes se livrent, sous leurs yeux, pour se disputer les biens terrestres. Les doctrines des religions régnantes ne peuvent les satisfaire et ils voudraient cependant obtenir cette paix intérieure, cette conviction assurée, qui seules peuvent donner du prix à l'existence et qu'ils ne trouvent ni dans des dogmes morts ni dans les théories de la science, malgré les allures triomphantes qu'elle affecte aujourd'hui.

C'est pour eux qu'a été écrit le Catéchisme Bouddhique. S'ils le lisent et le comprennent bien, ils y trouveront ce qu'ils cherchent : une doctrine, débarrassée de Dogmes et sans formalisme, d'accord avec la nature et avec ses lois. Les vérités sublimes qu'elle nous enseigne satisfont à la fois notre cœur et notre esprit ; elles sont présentées sous une forme si simple qu'elles deviennent compréhensibles, même pour une intelligence moyenne, et cependant leur profondeur est telle que l'Européen, instruit dans les sciences et la philosophie, armé de toutes les ressources d'une civilisation avancée, aurait bien de la peine à la sonder.

Il faut cependant faire cette restriction qu'un catéchisme est destiné à des commençants et à des écoliers et qu'il ne peut donc tout contenir. Il ne peut pas non plus pousser ce qu'il contient jusqu'à ses dernières conséquences.

Pour ceux qui voudraient arriver à la connaissance complète et qui désireraient non seulement comprendre, mais pratiquer la doctrine, on ne pourrait que les renvoyer à leurs propres méditations et au commerce personnel avec ceux qui les ont déjà précédés dans la voie qui leur a été indiquée ici.

Puisse ainsi la clarté de la vérité, qui, du lointain Orient, d'où vient toute lumière, envoie déjà ses rayons sur l'Occident, s'étendre victorieusement pour le bien, le salut et la délivrance de tous.

SOUBHADRA BHIKSHOU.

INTRODUCTION

1. *De quelle religion [1] es-tu?*

Je suis Bouddhiste.

2. *Qu'est-ce qu'un bouddhiste?*

C'est un homme qui vénère le Bouddha comme la Lumière du monde, comme le

1. Le Bouddhisme est-il plutôt une religion qu'une philosophie; c'est une question qui a été souvent agitée par les savants européens. En réalité, il est les deux. Les doctrines morales et religieuses les plus sublimes se joignent en lui aux connaissances philosophiques les plus profondes, pour former un tout inséparable. Le Bouddhisme éclaire ses disciples sur la nature de l'univers et sur les lois et les forces qui le régissent; il découvre à l'homme les profondeurs les plus cachées de son être; il lui montre sa destinée qui dépasse de bien loin cette fugitive vie terrestre; il éclaire son esprit, éveille en lui les forces et les capacités morales qui y sommeillaient, enflamme dans son cœur l'instinct de ce qui est noble et bon, enfin le met à même d'atteindre par de sérieux

maître et le guide suprême de tous les êtres vivants; qui regarde comme vraie la doctrine qu'il a enseignée; en suit les préceptes et qui a affirmé ses convictions en prononçant solennellement et publiquement la formule de recours.

3. *Quels sont les termes de la formule de recours?*

La formule de recours est ainsi conçue :

efforts et une consciencieuse application de ses préceptes, le but suprême de tout être vivant, la félicité éternelle, la délivrance, le Nirvâna. Le Bouddhisme est donc une religion.

C'est en même temps une philosophie. Car il n'exige pas de ses disciples une foi aveugle, mais leur demande une conviction basée sur leurs propres recherches, sur leur propre examen et sur de sérieuses méditations. Il n'appuie pas ses doctrines sur la volonté d'un Créateur incompréhensible ou sur une révélation surnaturelle, mais sur la constitution naturelle de l'Univers que tout le monde peut étudier. Il ne cherche pas à faire peur au coupable en le menaçant de peines éternelles, mais à éclairer l'œil de l'égaré, encore troublé par les illusions terrestres, afin qu'il puisse voir la vérité. Il met celui qui s'y prête de bonne foi, sur le chemin de son développement spirituel et de son perfectionnement moral et l'amène à un point où tout ce qui est terrestre ne lui paraît plus qu'une vaine apparence et où toutes ces tristes contradictions, qui nous semblent insolubles, entre le cours du monde et la vie humaine disparaissent dans la perception claire de l'Éternel et de l'Immuable.

J'ai recours au Bouddha.

J'ai recours à la doctrine.

J'ai recours à la Confrérie des Élus. (Sangha.)

4. *Que signifie la prononciation solennelle de cette formule de recours?*

Celui qui prononce cette formule veut témoigner devant tout le monde qu'il choisit désormais le Bouddha pour son maître et son modèle; qu'il voit dans sa sainte doctrine le résumé et les principes fondamentaux immuables de toute vérité et de toute justice, en même temps que la voie pour arriver à son propre perfectionnement et à la délivrance; enfin qu'il considère les membres de la Confrérie des Élus comme les successeurs vénérables et choisis du Bouddha, chargés d'annoncer, d'expliquer et d'appliquer la Doctrine.

5. *Cette formule de recours est-elle obligatoire pour tous les Bouddhistes?*

Pour tous sans exception; qu'ils appartiennent à la Confrérie des Élus, ayant adopté la vie de moine mendiant (Bhikshou, Samana, ou qu'ils soient adhérents laïques. Seul celui qui a prononcé la formule de recours devant la communauté ou ses représentants, appartient en réalité à la communion bouddhiste.

6. *Comment nomme-t-on la sainte Triade à la conduite de laquelle le Bouddhiste se confie, en prononçant la formule de recours ?*

Les étoiles conductrices. En effet, cette sainte Triade nous éclaire dans les ténèbres de la vie terrestre, comme les étoiles dirigent le navigateur, par une nuit de tempête. Elle conduit celui qui la suit fidèlement, à travers l'océan désolé de l'ignorance, des désirs et des passions, jusque dans le port de la paix éternelle.

Aussi c'est avec confiance, avec reconnaissance et plein de respect que le Bouddhiste regarde les trois étoiles conductrices, et c'est avec piété qu'il s'écrie :

Vénération au Bouddha, le saint, le sublime, le vainqueur du monde, l'artisan glorieux de sa propre perfection.

Vénération à la Doctrine pure, sainte et libératrice.

Vénération à la sainte Confrérie des Élus.

7. *Qui est le Bouddha ?*

C'est celui qui a trouvé, par lui-même, la lumière et la perfection, qui, dès cette vie, était délivré ; l'infiniment bon, saint et sage annonciateur de la vérité et fondateur de la religion bouddhiste.

8. *Le Bouddha est-il un Dieu, qui se serait révélé aux hommes ?*

Non.

9. *Était-il un Envoyé de Dieu, qui serait descendu sur la terre, pour porter le salut aux hommes ?*

Non.

10. *C'était donc un homme ?*

Oui ; c'était un homme. Mais un homme comme il n'en naît qu'un dans bien des milliers d'années; un de ces sublimes vainqueurs et flambeaux du monde qui, moralement et spirituellement, dominent de si haut l'humanité égarée et souffrante, qu'ils apparaissent à la simplicité du peuple comme des « Dieux » ou des « Envoyés de Dieu. »

11. *Bouddha est-il son nom?*

Non, Bouddha est la désignation d'un état intime, d'une situation de l'esprit.

12. *Que signifie donc ce mot?*

Il signifie : l'Éclairé; il désigne un homme qui, par ses propres forces, est arrivé à la suprême connaissance et à la perfection morale.

13. *Quel était le véritable nom du Bouddha?*

Il avait été nommé, à sa naissance, Siddhârta, et son nom de famille était Gotama;

14. *Qui étaient ses parents?*

Le roi Souddhôdana et la reine Mâya.

15. *Sur quel peuple régnait le roi Souddhôdana?*

Sur le peuple hindou des Sakyas [1].

16. *Quand naquit le prince Siddhârta?*

Un vendredi de l'an 623 avant l'ère chrétienne.

17. *Est-ce que la sublime destinée qui l'attendait fut indiquée par quelques présages?*

Oui; les Brahmanes, qui vivaient à la cour du roi Souddhôdana, comme prêtres et astrologues, la prédirent.

18. *Comment était conçue leur prédiction?*

Si le prince Siddhârta reste dans le monde, il deviendra un puissant monarque, un roi des rois; mais s'il renonce au monde et se fait ascète il deviendra un sublime Bouddha, la lumière du monde.

19. *Cette prédiction fut-elle la seule?*

Non. L'ascète Kaladévala, poussé par

1 Les Sakyas appartenaient à la grande famille aryenne, dont les Latins, les Germains et les Slaves sont aussi des membres. Le pays qu'ils habitaient s'étendait au N.-O. de l'Inde, au pied de l'Himalaya. La capitale Kapilavastou était située à peu près à 150 kilomètres, au nord de Bénarès, sur le cours d'eau Rohini.

l'Esprit, quitta les déserts de l'Himalaya, se prosterna devant l'enfant et dit : « En vérité, cet enfant deviendra un jour un suprême et parfait Bouddha, et montrera aux hommes le chemin de la délivrance. » Et il pleura, sachant que son âge avancé l'empêcherait de voir ces temps [1].

20. *Le roi Souddhôdana se réjouit-il de la prédiction de Kaladévala?*

Non; il chercha au contraire à en empêcher l'accomplissement, par tous les moyens qui étaient en son pouvoir. Il désirait que le prince Siddhârta devint un puissant monarque, un dominateur du monde.

---

[1] Déjà plusieurs siècles avant la naissance du Bouddha, il y avait, dans les Indes, des ermites et des ascètes brahmanes. Ils vivaient, soit réunis dans de petites huttes de bambou dans les forêts, adonnés à l'étude des saintes écritures mystiques (les Upanischades des Vedas), ou bien seuls dans des cavernes ou sous des arbres. Beaucoup d'ascètes allaient aussi de lieux en lieux, mendiant leur nourriture et se livrant aux mortifications les plus pénibles, pour tuer violemment en eux les désirs de la chair, délivrer leur âme de tous les liens terrestres et arriver ainsi à se réunir à l'Éternel, à Brâhma.

21. *Quels moyens employa-t-il pour
atteindre ce but?*

Il éloigna du prince tout ce qui aurait
pu lui donner connaissance des souffrances humaines et de la mort. Il l'entoura
de toutes les jouissances et de tout l'éclat
de la royauté, pour l'attacher plus étroite-
ment à la vie du monde. Les maîtres les
plus distingués furent chargés de lui enseigner toutes les sciences et tous les arts
et de lui apprendre les exercices chevale-
resques qui convenaient à un fils de roi.
Lorsque le prince Siddhàrta fut arrivé à
l'adolescence, son père lui fit bâtir trois
palais, un pour chacune des saisons de
l'Inde : la chaude, la froide et la saison
des pluies. Tous trois furent meublés
avec la plus grande magnificence. Ils
étaient entourés de vastes jardins et de
bosquets ombreux, avec des pièces d'eau
limpides, bordées de fleurs de lotus, des
grottes profondes, des sources jaillissan-
tes et des parterres garnis des fleurs les
plus rares. C'est dans ces jardins et ces
bosquets que le prince passa sa jeunesse.

Il ne lui était pas permis de s'en écarter, et l'accès en était défendu, de la manière la plus sévère, aux pauvres, aux malades et aux vieillards.

22. *Le prince Siddhárta vivait-il seul dans ces palais et ces jardins ?*

Non, il était entouré des fils des plus nobles familles du pays. A seize ans, son père le maria à la princesse Yasôdhara [1], fille du roi Souprabouddha. Enfin un grand nombre de belles jeunes filles, habiles dans la danse et la musique, étaient toujours prêtes à le distraire.

23. *Comment le prince pût-il concevoir la pensée de fuir le monde, au milieu de tous ces plaisirs et de toute cette magnificence ?*

Dans ses promenades dans les jardins et dans les parcs du palais, il fit quatre rencontres significatives, qui l'éclairèrent sur la vraie nature de l'existence.

---

1. C'est encore aujourd'hui la coutume des Hindous des hautes classes de marier leurs enfants de très bonne heure, souvent dès leur dixième ou douzième année. Naturellement ces unions ne deviennent réelles que beaucoup plus tard.

24. *Quelles furent ces rencontres ?*

Il vit un vieillard infirme, courbé sous
le poids de l'âge, un malade couvert d'ulcères, un cadavre en décomposition et un
vénérable frère mendiant.

**25. *Quelles impressions firent ces rencon-
tres sur le prince Siddhârta ?***

Elles l'ébranlèrent profondément ; elles
lui firent comprendre la fragilité et le
néant de la vie. Les joies courtes et trompeuses, que la vieillesse, la maladie, la
douleur et la mort suivent de si près, per-
dirent tout charme pour lui. Dès lors, il
se mit à fuir tous les plaisirs. De plus en
plus il se persuada que la vie n'était pas
un bien désirable, mais bien plutôt un
mal ; qu'il était insensé et indigne des
nobles natures de rechercher les jouissances terrestres. Désormais tous ses efforts furent dirigés vers un but plus
élevé [1].

1. Les livres saints bouddhiques racontent ce
qui suit sur les rencontres que fit le futur Bouddha : Le prince Siddhârta, étant allé un jour se
promener dans le parc, remarqua tout à coup
un vieillard infirme, tout courbé sous le poids des

26. *Quel était ce but ?*

Il voulut découvrir les causes de la

années. Étonné, il demanda à son cocher Tchanna quel était cet être étrange. Tchanna lui répondit que c'était un vieillard. — Est-il né dans cet état ? demanda encore le prince. — Non, Seigneur, il a été autrefois jeune et florissant comme vous. — Y a-t-il d'autres vieillards comme celui-là ? interrogea le prince toujours plus étonné. — Beaucoup, Seigneur. — Et comment est-il tombé dans cette triste situation ? continua le prince. — C'est l'ordre de la nature que tous les hommes doivent devenir vieux et infirmes, s'ils ne meurent pas jeunes. — Même moi, Tchanna ? — Même vous, Seigneur.

Cet incident plongea le prince dans de si profondes réflexions qu'il ordonna de rentrer à son palais, ayant perdu tout plaisir à la promenade. Quelque temps après, dans une autre sortie, il aperçut un malheureux couvert d'ulcères ; et, sur les réponses que fit Tchanna à ses questions, il fut si ému qu'il renonça dès lors à tous les plaisirs et commença à méditer sur les souffrances de l'existence. Après un autre laps de temps, il fit la troisième rencontre. Il vit, sur le bord du chemin, un cadavre déjà en décomposition. Violemment ému, il rentra aussitôt à son palais en s'écriant : « A quoi servent l'éclat royal, toutes ces jouissances et toutes ces magnificences, s'ils ne peuvent pas me préserver de la vieillesse, de la maladie et de la mort ! Que les hommes sont malheureux ! N'y a-t-il donc aucun moyen d'en finir pour toujours avec la douleur et la mort qui se renouvellent chaque fois que nous recommençons une nouvelle existence ? »

Cette question ne cessa plus de l'occuper. Il eut la réponse qu'il cherchait dans une autre promenade. Un moine mendiant lui apparut, revêtu de vêtements jaunes, comme en portent

souffrance, de la mort et de la nécessité
de revivre [1], et de trouver le moyen d'y

les frères bouddhistes, et dont les traits vénérables reflétaient la profonde paix intérieure.
Cette vision prophétique, car c'est ainsi que
nous devons la considérer, montra au prince,
tourmenté par les énigmes de l'existence, le chemin sur lequel il devait chercher leur solution.
A partir de ce jour, il conçut et mûrit la résolution de renoncer au monde et de prendre la
voie que tous ceux qui aspirent à la perfection
doivent suivre. — Ce récit allégorique, cette lé-
gende nous découvre une vérité profonde : c'est
que seule la perception de la fragilité et du néant
de la vie peut amener une âme sensible à renoncer au monde et provoquer ce changement complet d'esprit par lequel sont passés tous les
saints, et que celui qui ne s'est pas détaché du
monde ne peut même pas comprendre.

1. La doctrine des existences successives, c'est-
à-dire de l'incarnation répétée de la partie spirituelle de l'homme est la connaissance la plus
ancienne et la plus vénérable de la race humaine.
C'est une sagesse ou une religion primitive, qui
s'impose d'elle-même, à toute intelligence que
les erreurs et les préjugés, qui nous assiègent
dès notre enfance, n'ont pas troublée. Dans
les religions de tous les peuples civilisés, les
religions judæo-chrétienne et islamique excep-
tées, cette doctrine forme la base sur laquelle
reposent toutes les autres. Et même dans les
pays chrétiens, beaucoup de grands esprits l'ont
professée en secret, à toutes les époques. Elle
seule peut nous délivrer de cette illusion, que
l'homme soit une créature, que la volonté arbi-
traire d'un Dieu aurait tirée du néant et qu'il
doive encore être reconnaissant pour la vie qui
lui a été donnée et qui est pourtant un présent
d'une valeur si contestable. La doctrine des existences successives donne à l'homme sa liberté

mettre un terme. Il résolut de renoncer au monde, comme le vénérable frère mendiant, qui lui était apparu et d'aller au désert.

27. *Cette résolution ne lui coûta-t-elle pas ?*

Si, car il dut abandonner tout ce que les hommes regardent comme le plus grand bonheur terrestre : le trône, les palais magnifiques, la jouissance, les honneurs, la richesse, les plaisirs et même sa

et son libre-arbitre, qui ne peuvent pas exister avec un Dieu créateur et tout puissant. Elle seule repose sur la vraie justice, et ce n'est qu'en elle que la belle parole du sublime Jésus de Nazareth devient une vérité « L'homme moissonnera ce qu'il a semé. » Seule, la doctrine des naissances successives nous donne la solution de l'énigme de notre existence et nous explique d'une manière acceptable, pourquoi le juste est souvent pauvre et méprisé pendant que le méchant vit riche et honoré. Seule elle répond à la question que des millions de cœurs humains, torturés et désespérés, adressent vainement au ciel lui demandant pourquoi nous devons tant souffrir ici-bas. Elle nous montre que notre être intime est aussi indestructible que la matière et que les forces naturelles. Nous sommes entrés dans la vie de notre propre volonté et nous l'avons gardée, sous des formes sans cesse changeantes, depuis le commencement des choses jusqu'à ce jour. La mort n'est pas une délivrance ou un anéantissement, mais le passage d'une forme devenue ca-

femme et son fils Râhula, que la princesse Yasôdhara lui avait donné.

28. *Son père et la princesse Yasôdhara
ne cherchèrent-ils pas à le détourner
de son projet?*

Il ne le leur confia pas, mais préféra
fuir secrètement, craignant que les sup-
plications de son vieux père et les larmes
de sa femme ne le fissent vaciller dans sa
résolution [1].

duque à une autre nouvelle. Celui à qui la vie
suffit doit être content : aucun dieu aucun diable
ne peut la lui prendre. La destinée de l'homme
ne repose que sur son être intime, sur sa propre
volonté ; il a devant lui d'innombrables existences,
dans lesquelles il recueillera les fruits de ses
bonnes, comme de ses mauvaises actions. Mais
celui qui est dégoûté de cette existence sans cesse
renouvelée, avec ses joies et ses douleurs, a devant lui le chemin qui mène à la délivrance. Il
n'a qu'à le suivre d'un cœur ferme et, par ses
propres forces, il atteindra ce but sublime, où son
individualité, naturellement restreinte, souffrante
et coupable se fondra pour toujours dans l'Éternel. Telle est la félicité suprême vers laquelle
tendent, consciemment ou inconsciemment, tous
les êtres vivants, et que les illusions trompeuses
les empêchent de trouver.

1. La reine Mâya ne vivait plus ; elle était morte
sept jours après la naissance du prince. C'est là
le sort de la mère d'un Bouddha futur ; le sein
qui a porté un de ces flambeaux du monde, ne
pouvant plus nourrir de simples mortels.

29. *Comment s'échappa-t-il du palais?*

Une nuit, pendant que tout dormait, il se leva doucement, jeta un dernier regard sur sa femme endormie et sur son enfant; éveilla Tchanna, lui ordonna de seller son cheval favori Kanthaka et s'éloigna. Il passa, sans être remarqué, devant les gardes de la ville et s'élança dans les ténèbres de toute la vitesse de son cheval.

30. *Quel âge avait le prince Siddhârta, quand il alla au désert?*

Il était âgé de vingt-neuf ans.

31. *Où se dirigea-t-il d'abord?*

Vers le fleuve Anoma. Là, il coupa, avec son épée, sa longue et belle chevelure, remit au fidèle Tchanna ses armes, ses bijoux et son cheval, lui ordonna de retourner à Kapilavastou et de tranquilliser le roi et la princesse Yasôdhara sur son sort. Après que Tchanna l'eut quitté, il passa encore sept jours dans la solitude, sur les bords du fleuve, livré à ses méditations, rempli de joie d'avoir fait le premier pas, le plus décisif, dans la voie qu'il s'était tracée et de s'être débarrassé des liens du monde. Ensuite il échangea ses vêtements contre ceux d'un mendiant, qui passa par là, et se dirigea vers Radjagriha, capitale du royaume de Magadha.

32. *Pourquoi y allait-il ?*

Parce que, dans le voisinage de Radjagriha, vivaient deux Brahmanes, célèbres pour leur haute sagesse : Alâra et Uddaka. Il resta près d'eux comme disciple, sous le nom de Gotama.

33. *Qu'enseignaient ces Brahmanes ?*

Ils enseignaient qu'on pouvait purifier son âme par des prières, des sacrifices, et différents exercices religieux et arriver ainsi, par la grâce divine, à la délivrance.

34. *Gotama trouva-t-il que cette doctrine était la véritable ?*

Non. Il acquit toute la science des Brahmanes, se livra avec zèle à tous leurs exercices religieux, sans se sentir pour cela plus rapproché de son but. Bientôt il reconnut que la science de ces Brahmanes était vaine et ne conduisait pas à la délivrance de la souffrance, de la mort et de la nécessité de revivre.

35. *Que fit-il après cet échec?*

Il y avait d'autres brahmanes qui croyaient que le vrai moyen d'arriver à la délivrance était la vie ascétique, la destruction complète et violente de la volonté et des passions. Gotama se résolut à vivre suivant leurs préceptes. Il se retira donc dans une épaisse forêt, près d'Uruvéla [1] et se livra, dans la solitude aux mortifications les plus dures. Bientôt le bruit de la vie sainte qu'il y menait, se répandit et lui attira cinq compagnons, qui poursuivaient le même but que lui. Pénétrés d'admiration pour la force d'âme et le courage que Gotama montrait dans ses macérations, ils restèrent près de lui, persuadés qu'elles lui vaudraient sûre-

---

[1] Le lieu, où le Bouddha se livra, pendant de longues années, à l'ascétisme, et où il arriva aussi à l'illumination intérieure, fut appelé depuis Bouddha-Gaya, c.-à-d. l'hermitage du Bouddha. Il s'y éleva des temples et des cloîtres qui, mille ans plus tard, lorsque le Bouddhisme se fut étendu sur tout le centre et l'est de l'Asie, furent habités par de nombreux religieux et devinrent un lieu de pèlerinage général pour tous les pays bouddhistes. Encore aujourd'hui, ce lieu consacré porte un temple en ruines.

ment un jour la délivrance. Ils voulurent devenir ses élèves et ses disciples.

36. Comment s'appelaient ces cinq ascètes ?

Kondânya, Bhaddiya, Vappa, Mahanama et Assâdji.

37. Combien de temps Gotama resta-t-il dans la forêt d'Uruvéla ?

Près de six années. Les forces de son corps diminuaient de plus en plus, au milieu des jeûnes, des veilles et des macérations continuelles qu'il s'imposait; mais son zèle ne se ralentissait pas. Une nuit qu'il méditait profondément en marchant, il tomba tout-à-coup d'épuisement et resta sans connaissance. Ses compagnons le crurent mort; mais il revint à lui après quelque temps.

38. Continua-t-il encore ses exercices ascétiques ?

Non; il reconnut que la vie ascétique ne mène pas au salut et à la délivrance. Il s'était presque tué et n'avait pas atteint son but; il n'était pas arrivé à la perfec-

tion [1] spirituelle et morale. Il renonça
donc à toutes les macérations et recom-
mença à se nourrir régulièrement. Lorsque ses compagnons s'en aperçurent, ils
ne surent plus que penser de lui ; ils crurent qu'il manquait à ses résolutions et
l'abandonnèrent.

39. *Gotama désespéra-t-il alors d'attein-
son but ?*

Non, jamais. Abandonné de tous, il
reconnut que le salut ne pouvait pas être
atteint grâce aux moyens enseignés par

1. De même que le sublime fondateur du bouddhisme, plusieurs saints chrétiens des premiers
siècles arrivèrent à reconnaître, par expérience,
que l'ascétisme ne conduit pas au salut. « Si l'on
ne fait que se mortifier », dit Nagaséna, le grand
apôtre Bouddhiste, « non seulement on n'obtient
pas la délivrance, mais on n'arrive même pas à
renaître heureusement. »
La doctrine bouddhique rejette donc, comme
inutiles et nuisibles, les macérations et la « mor-
tification de la chair » par des moyens violents.
Elle cherche à purifier le cœur et la volonté de
toutes les passions, de tous les mauvais instincts.
Elle veut développer la connaissance et les forces spirituelles de l'homme. Pour y arriver, elle
exige, comme condition indispensable, que ses
disciples renoncent à rien posséder, et qu'ils vivent dans la chasteté et la pauvreté volontaire,
étrangers aux plaisirs des sens et à toute préoccupation mondaine.

les autres, et il résolut de ne plus suivre que ses propres inspirations. Il avait renoncé aux mortifications violentes ; il se contenta dès lors de s'abstenir de tous les plaisirs des sens. Il s'efforça en même temps, dans la solitude complète où il vivait, de dégager ce qu'il sentait exister dans la profondeur de son être et de développer complètement les forces supérieures de son esprit. Une nuit, il fut averti, par des rêves prophétiques, qu'il approchait de son but. Lorsqu'il s'éveilla, il se baigna dans le Nirandjara et accepta ensuite, des mains d'une jeune fille nommée Sudjata, un peu de riz. Après avoir mangé, il se sentit fortifié d'une manière merveilleuse. Il passa toute la journée sur les bords du cours d'eau, plongé dans ses méditations.

Vers le soir, il s'étendit au pied d'un grand arbre [1], qui n'était pas très loin de

1. Cet arbre, appelé par les Bouddhistes bô ou bodhi, c.-à-d. arbre de la connaissance, est le ficus religiosa des naturalistes. Un rejet de ce figuier verdit encore près des ruines du temple de Bouddha-Gaya, non loin de Radjgir. Un autre

là. Il resta assis, le visage tourné vers l'est, dans un recueillement profond et décidé à ne se lever que lorsqu'il aurait obtenu la connaissance suprême. C'est sous cet arbre qu'il soutint victorieusement son dernier combat, le plus difficile de tous.

40. *De quelle nature fut ce combat?*

C'était la lutte contre les penchants et les désirs terrestres, qui habitent dans le cœur de l'homme, et qui s'élevèrent encore une fois en lui, quand il croyait les avoir déjà vaincus sans retour ; la lutte contre les illusions, le goût des plaisirs et contre ce désir d'exister et de jouir, cette volonté de vivre qui est la racine et la cause génératrice de notre être en même temps que la source de toutes nos souffrances. Il vit encore une fois se présenter devant lui, sous la forme la plus séduisante, l'honneur, la gloire, la puis-

rejet fut porté à Ceylan et planté près de l'ancienne capitale de l'île Anuradhâpura. Il est encore plein de vigueur, et c'est le plus ancien arbre historique du monde.

sance, la richesse, l'amour terrestre, le
bonheur de la vie de famille, enfin toutes les jouissances et toutes les joies
que le monde offre aux favorisés du sort.
Encore une fois, il sentit son cœur rongé
par le doute. Mais, inébranlable dans sa
résolution de mourir plutôt que de renoncer à atteindre son but, Gotama lutta
courageusement avec ces puissances ter-
ribles et resta victorieux. Lorsque les
dernières traces de la faiblesse humaine
eurent été effacées en lui et lorsque la
paix profonde du Nirvâna fut entrée dans
son cœur, il éleva son esprit par tous les
degrés de l'illumination intérieure jusqu'à cette hauteur sublime où celui qui
a voulu y arriver perçoit la lumière absolue. Il avait atteint son but; le voile qui
couvrait ses yeux était tombé; il avait conquis la connaissance universelle et absolue. Il était devenu un Bouddha parfait.

41. *Avait-il enfin reconnu les causes de la
souffrance, de la vieillesse, de la mort
et des existences successives ?*

Oui ; suivant l'expression des livres saints, l'œil pur et clair de la vérité s'ouvrit en lui. Il perçut la cause de la naissance et de la ruine des êtres, la cause de la souffrance, de la mort et des vies successives, et en même temps le moyen de mettre un terme à la douleur, d'échapper à cet enchaînement perpétuel de naissances et de morts, et d'arriver à la délivrance, au Nirvâna.

42. *Resta-t-il longtemps sous l'arbre de la connaissance ?*

Il resta sept jours, profondément absorbé, au pied de cet arbre. Ensuite il se leva et alla près du figuier Adjapâla. Le tentateur Mâra [1] s'approcha alors de lui et lui dit : « Seigneur, entre maintenant dans la paix éternelle. Tu as perçu la vérité,

---

1. Mâra, le tentateur, le prince de ce monde, joue dans la religion bouddhique à peu près le rôle du Satan des chrétiens, du prince des ténèbres. Le Christ fut tenté par le diable dans le désert comme le Bouddha le fut ici par Mâra. Il s'agit naturellement, dans ce récit allégorique, non d'un événement extérieur, mais d'une lutte intime et qui n'eut lieu que dans l'esprit du Bouddha.

à laquelle il est si difficile d'atteindre, la
vérité, qui donne la félicité suprême et
que seul le sage accompli peut obtenir.
Que ferais-tu maintenant sur la terre?
L'humanité s'agite dans les instincts terrestres : c'est sur la terre qu'elle a sa place
et qu'elle trouve sa joie. Elle ne compren-
dra jamais l'ordre éternel du monde, la
loi de l'enchainement de l'effet à la cause.
Elle ne voudra jamais entendre la doctrine, qui lui demandera de renoncer à la
volonté de vivre, de vaincre ses désirs et
ses passions et qui lui enseignera le chemin de la délivrance. N'essaie donc pas
d'annoncer la doctrine et entre dans la
paix éternelle. »

43. *Le Bouddha écouta-t-il les paroles de
Mâra?*

Non; il repoussa le tentateur avec mé-
pris et lui dit : « Retire-toi, méchant. Je
n'entrerai pas dans la paix éternelle avant
d'avoir fondé solidement, dans le cœur
de mes adhérents, la doctrine salutaire ;
avant d'avoir gagné des disciples qui
puissent, à ma place, prêcher le chemin

de la délivrance à tous ceux qui sont de bonne volonté et dont le cœur est pur ; afin que la vérité s'étende sur le monde entier, pour la joie et la bénédiction de tous les peuples, pour le bien, le salut et la délivrance des Dieux [1] et des hommes. »

Le tentateur s'éloigna alors, mais le Bouddha resta encore trois semaines sous le figuier Adjapâla, jouissant de la félicité de la délivrance et donnant dans son esprit sa forme définitive à la doctrine. Pendant ces vingt-huit jours il resta tout seul, sans boire ni manger. Ensuite il se leva et dit : « Que la porte du salut soit ouverte à tous ; que celui qui a des oreil-

[1] Le Bouddhisme ne reconnaît ni ne nie l'existence de dieux. Il n'en a besoin ni pour appuyer sa morale, ni pour obtenir la délivrance. Celui qui croit à des dieux peut le faire ; mais il ne doit pas oublier que les dieux, comme les autres êtres, sont périssables et soumis à la nécessité des existences successives, quand même leur vie devrait durer des millions d'années terrestres. Il doit reconnaître aussi que le saint, arrivé à la délivrance, et surtout un Bouddha, est bien au-dessus de tous les dieux. Dans les paroles du Bouddha le mot « Dieux » doit être compris comme désignant les habitants des mondes célestes.

les écoute la doctrine et qu'il y conforme
sa vie. »

44. *A qui annonça-t-il d'abord la doctrine ?*

Aux cinq ascètes qui étaient restés si
longtemps auprès de lui, et qui l'avaient
abandonné, lorsqu'il avait cessé ses mortifications violentes.

45. *Où les retrouva-t-il ?*

Dans un bois, près de Bénarès, dans
l'ermitage de Migadâya.

46. *Les cinq ascètes l'écoutèrent-ils volontiers ?*

Ils avaient l'intention de ne pas le faire,
le considérant comme un renégat, mais
la majesté de tout son être, l'expression
sublime de son visage firent sur eux une
impression si grande qu'ils s'inclinèrent,
malgré eux, devant lui et écoutèrent ses
paroles avec respect.

47. *Comment nomme-t-on cette première prédication du Bouddhisme ?*

« L'annonciation de l'ordre moral du
monde » ou la « Fondation de l'empire
de la justice éternelle. » Cette prédi-

cation contient les traits fondamentaux de la doctrine, les quatre vérités de salut [1].

48. *Quel effet eut cette prédication sur les cinq ascètes ?*

Ils reconnurent le Bouddha comme la lumière du monde et désirèrent devenir ses disciples. Le Bouddha les accepta comme les premiers membres de la Confrérie des Élus en leur disant : « Approchez, frères, la doctrine est bien annoncée ; marchez désormais dans la sainteté, pour mettre un terme à toute souffrance. »

49. *Quel fut celui des cinq disciples qui arriva le premier à la connaissance absolue ?*

Le vieillard Kondânya. L'œil pur et clair de la vérité s'ouvrit en lui et il devint un Arahat [2]. Bientôt les quatre autres suivirent.

50. *Le Bouddha gagna-t-il encore d'autres disciples à Bénarès ?*

1. Les quatre vérités de salut : voyez plus bas au chapitre « Doctrine. »

2. Un Arahat est celui qui a atteint le quatrième degré de sainteté, le plus élevé, et qui est arrivé en même temps au Nirvâna.

Oui. Le premier qui s'y convertit fut Yasa, un jeune homme de noble race. Mais ce ne furent pas seulement des Brahmanes, des nobles et des grands qui écoutèrent les paroles du Bouddha, mais aussi les gens du peuple; car il ne faisait aucune distinction de caste, de rang ou d'état, comme faisaient les prêtres Brahmanes. Il prêchait le salut à tous ceux qui voulaient l'entendre et sa parole était puissante, allant droit au cœur. Cinq mois après, ses disciples étaient déjà soixante, sans compter les adhérents laïques. C'est alors qu'eut lieu la dispersion des frères.

51. *Que comprend-on sous le nom de la dispersion des frères?*

Le Bouddha réunit autour de lui tous les frères et leur commanda de partir dans le monde isolément pour répandre partout la doctrine libératrice [1].

---

1. Ce n'est que parce que le Bouddha lui-même avait été leur maître dans la doctrine et parce qu'ils étaient des Brahmanes, c'est-à-dire des hommes qui avaient déjà passé leur vie entière dans le renoncement, la méditation et de saints efforts pour arriver à l'Éternel que cinq mois

52. *En quels termes le Bouddha leur donna-t-il cet ordre ?*

Le Bouddha dit aux frères : « Vous êtes libres de tous liens humains ou divins. Partez donc, frères, allez et prêchez partout la doctrine pour la délivrance de tous les êtres vivants ; par pitié pour le monde ; pour la joie, la bénédiction et le salut des hommes et des dieux. Beaucoup ont le cœur pur et sont de bonne volonté, qui se perdront cependant, s'ils n'entendent pas la doctrine libératrice. Ils deviendront vos adhérents et les confesseurs de la vérité. »

53. *Le Bouddha resta-t-il seul à Bénarès ?*

Non ; il retourna à Uruvéla. Là vivaient sous des huttes, dans les bois, de nombreux Brahmanes, qui entretenaient le feu sacré et accomplissaient les sacrifices prescrits par le Veda. Il leur prêcha sur le feu des plaisirs sensuels, des passions et des

purent suffire aux disciples pour apprendre complètement la doctrine et pouvoir commencer leur apostolat.

désirs et se fit parmi eux beaucoup de disciples et d'adhérents.

Ensuite il continua sa route, arriva à Radjagriha, et y convertit le roi Bimbisâra et un grand nombre de ses nobles. C'est ainsi que la Doctrine de salut se répandait toujours davantage.

54. *Ne retourna-t-il jamais dans sa patrie, à Kapilavastou?*

De Radjagriha, il alla à Kapilavastou, où le bruit de ses œuvres l'avait précédé. Il n'entra pas dans le palais royal, mais resta, avec les Frères qui l'accompagnaient, dans un bois devant la ville, comme l'ordre de la Confrérie le prescrit. Le roi Souddhôdana et tous ses parents mâles sortirent de la ville, pour venir le saluer. Mais lorsqu'ils le virent vêtu pauvrement comme un Bhikshou (frère mendiant), la barbe et les cheveux coupés courts, ils eurent honte de lui.

Le lendemain matin, le Bouddha prit son vase à aumônes [1] et alla dans la ville,

1. Le vase à aumônes des frères mendiants

pour y recueillir sa nourriture devant les portes, suivant l'usage de la Confrérie. Lorsque le roi, son père, l'apprit, il accourut en toute hâte et lui dit avec reproche. « Mon fils, pourquoi me fais-tu un pareil affront et vas-tu ainsi demander des dons, comme un mendiant. »

Le Bouddha répondit : « Grand roi, cela a toujours été l'usage de tous ceux de ma race. »

Le roi Souddhôdana ne comprit pas et s'écria : « Nous descendons d'une race de nobles et de rois, et jamais aucun de nous ne s'est abaissé jusqu'à mendier son pain devant les portes. »

Le Bouddha sourit et dit : « C'est avec raison que toi et les tiens, vous vous glorifiez de descendre d'une race de rois. Mais, pour moi, mes ancêtres sont les

bouddhiques est un plat de terre, avec un manche, que chaque membre de la Confrérie porte toujours avec lui et dans lequel il recueille sa nourriture quotidienne. Le Bouddha lui-même ne s'écartait de cette règle que lorsqu'il mangeait, après y avoir été invité, dans la maison d'un de ses adhérents.

Bouddhas des âges passés, et tous ont fait comme moi [1]. »

Le roi Souddhôdana se tut alors, le prit par la main et le conduisit au palais.

55. *Le Bouddha ne désira-t-il pas revoir sa femme et son fils Râhoula ?*

Le même jour, il alla trouver la princesse Yasôdhara, accompagné de deux de ses disciples [2]. Lorsque Yasôdhara le vit devant elle, dans l'habit des moines mendiants, elle ne put prononcer une parole, mais se laissa tomber à ses pieds et embrassa ses genoux, en pleurant amèrement.

1. Dans les temps les plus lointains et dont l'obscurité échappe à l'histoire, il y a eu déjà des Bouddhas, lumières du monde, qui ont annoncé la Doctrine Libératrice. Car, *de même que l'erreur, le péché et la souffrance sont toujours autour de nous, le salut est aussi toujours à notre portée.* L'homme qui s'efforce sérieusement d'arriver à la connaissance et à la délivrance en a toujours les moyens. Chaque fois que la pure Doctrine menace de disparaître et que l'humanité est sur le point de s'abîmer dans les désirs sensuels et dans les ténèbres morales, un nouveau Bouddha paraît. Le dernier de ces Bouddhas, la lumière de *notre* âge, fut justement le Bouddha Gotama, dont nous suivons la Doctrine.

2. Aucun membre de la Confrérie ne doit aller seul dans la demeure d'une femme.

Le Bouddha la releva, la consola et, avec de douces paroles, il l'instruisit dans la Doctrine. Ses paroles trouvèrent un bon accueil dans son cœur.

Lorsque le Bouddha fut parti, Yasôdhara revêtit son fils Râhoula de ses habits les plus magnifiques et l'envoya à son père, pour lui demander son héritage. L'enfant se présenta devant le Bouddha et dit : « Mon père, je serai roi un jour et monterai sur le trône des Sakyas. — Donne-moi donc mon héritage. »

Le Bouddha le prit alors par la main, le conduisit hors de la ville, dans le bois de Nigrodha, où il s'était établi avec ses disciples, et là, il dit à Râhoula : « Mon fils, tu réclames de moi un héritage périssable et qui a la douleur comme conséquence. Je n'en ai pas de semblable à te donner. Mais que les trésors que j'ai acquis sous l'arbre de la connaissance t'appartiennent. Voilà l'héritage spirituel que je te laisse et personne ne pourra te l'arracher. »

Il ordonna ensuite à Sâripoutta de recevoir Râhoula dans la Confrérie des Élus. Outre Râhoula, plusieurs parents du Bouddha entrèrent dans la Confrérie. Parmi eux il faut citer Ananda, Devadatta, Upâli et Anorouddha.

56. *Quels étaient, avec ceux qui viennent d'être nommés, les principaux disciples du Bouddha.*

Mogallâna et Kasyapa.

57. *Combien de temps le Bouddha resta-t-il à Kâpilavastou?*

Il y passa les quatre mois de la saison des pluies de la deuxième année de son enseignement. Il partit ensuite pour continuer son œuvre dans d'autres lieux.

58. *Combien de temps le Bouddha prêcha-t-il la Doctrine?*

Jusqu'à sa mort, c'est-à-dire en tout quarante cinq ans. Durant ce temps, il alla pendant huit mois de l'année de village en village, de ville en ville, de pays en pays, toujours accompagné d'une troupe de disciples et instruisant partout le peuple par ses prédications, ses exhortations et des paraboles. Mais les quatre

mois de la saison des pluies il passait toujours dans le même lieu, soit dans la maison d'un de ses adhérents, soit dans des
jardins et des bosquets, dont de riches
convertis firent donation à la Confrérie.
59. *Où restait le Bouddha le plus souvent
et le plus volontiers ?*

Dans la forêt de bambous (Velouvana)
de Radjagriha, qui avait été autrefois un
parc du roi Bimbisâra et que celui-ci
avait donné à la Confrérie, ou dans le
bosquet de Djeta (Djetâvana) de Srâvasti,
don du riche marchand Anathapindika.
Dans ces deux endroits, on avait bâti
des ermitages (Vihâra) pour les moines
mendiants (Bhikshou). Ces lieux sont devenus célèbres dans l'histoire du Bouddhisme, car c'est là que le Sublime [1] an-

1. Dans les Livres Saints du Bouddhisme, le
Bouddha est le plus souvent désigné par un mot
indiquant une de ses qualités. C'est ainsi qu'il
est appelé « le Sublime ». — « Sakya-Mouni, »
ou le sage de la race des Sakyas ; — « le Saint »
parce qu'il est libre de toute volonté de vivre,
de toute passion et de tout désir ; — « l'Artisan
glorieux de sa perfection » parce qu'il a atteint
la perfection, après une longue lutte contre l'erreur et les instincts terrestres ; — « l'Éclairé »

nonça la plupart des vérités recueillies dans les Livres Saints.

60. *Le Bouddhisme fut-il solidement établi pendant ces quarante-cinq années ?*

Oui ; la renommée du Bouddha et la vérité se répandirent au loin. Des milliers de personnes de tous les états, hommes ou femmes, prononcèrent les vœux supérieurs et entrèrent dans la Confrérie, comme frères mendiants (Bhikshou, Samanas) ou comme religieuses (Bhikshouni), et les adhérents laïques devinrent innombrables [1].

parce qu'il reçut sous l'arbre de la connaissance la suprême lumière ; — « le Vainqueur du monde », parce qu'il a vaincu Mâra, le prince de ce monde, de l'amour sensuel, de la mort et des ténèbres, le tentateur des êtres vivants ; — et enfin « la Lumière du monde » parce qu'il ne s'est pas seulement délivré lui-même, mais qu'il a prêché pour tous la Doctrine de Salut et a fait briller sur le monde entier la lumière de la vérité.

1. Bien que la Doctrine ait cessé de s'étendre depuis 1500 ans, le Bouddhisme compte encore aujourd'hui plus d'adhérents que toutes les confessions chrétiennes prises ensemble, c.-à-d. 450 millions d'âmes, le tiers de la race humaine. Un siècle avant l'ère chrétienne, les apôtres bouddhistes avaient déjà poussé à l'est jusqu'au Caucase, et il y avait à Alexandria beaucoup de

61. *Le Bouddha n'eut-il pas à subir, pendant son enseignement, des persécutions et des attaques de la part de la religion régnante, le Brahmanisme ?*

Non. De même que le Bouddhisme, le vrai Brahmanisme est étranger à toute intolérance, à tout fanatisme religieux. Mais un de ses disciples se révolta contre lui.

Frères et d'adhérents laïques. On peut donc à peine mettre en doute que Jésus de Nazareth, dont la doctrine a tant de points communs avec celle du Bouddhisme, n'ait été un disciple des Frères bouddhistes, de sa douzième à sa trentième année, temps duquel les évangiles ne parlent pas. Sous leur direction, il devint un Arahat. Il retourna ensuite dans sa patrie, pour y prêcher à son peuple la Doctrine libératrice.

Cette doctrine du Christ fut plus tard dénaturée en partie et mélangée d'erreurs, empruntées à la Bible des juifs. Les enseignements fondamentaux du Christianisme et toute la manière d'agir de son fondateur sont visiblement d'origine bouddhiste. Le doux Nazaréen, à qui aucun Bouddhiste ne refusera sa vénération, était un Arahat, qui avait atteint le Nirvâna. Maintenant le temps est venu où les Européens, les descendants occidentaux des Aryas, peuvent entendre la pure doctrine du Bouddha dans son intégrité. Ce sera en Europe la religion de l'avenir : elle amènera dans la direction d'esprit et dans la manière de penser des peuples européens une révolution, comme il n'y en a plus eu depuis l'introduction du Christianisme.

62. *Qui était ce disciple ?*

Devadatta. Il fut aveuglé par l'ambition et voulut arracher à son maître, devenu vieux, la direction de la Confrérie. N'y ayant pas réussi, il essaya même de faire mourir le Bouddha ; mais toutes ses tentatives échouèrent.

63. *Qu'opposa le Bouddha à ces attaques ?*

Sa bienveillance inépuisable et la bonté de son cœur. Car la bienveillance et la bonté du cœur possèdent une force merveilleuse à qui rien ne peut résister, sur la terre, comme dans les cieux ; une force merveilleuse, qui vient à bout des ennemis les plus puissants et devant laquelle la méchanceté, la haine et la perfidie deviennent impuissantes.

64. *Savons-nous quelque chose sur les derniers jours du Bouddha et sur sa mort ?*

Oui ; le Mahâ-Parinibbâna-Soutta, ou le livre de l'entrée du Bouddha dans la paix éternelle (Paranirvâna), les raconte avec détail.

65. *Quels sont ces détails?*

Lorsque le Bouddha fut âgé de quatre-vingts ans, il sentit ses forces s'en aller et il dit à Ananda [1], qui était toujours près de lui : « Ananda, mes années sont nombreuses ; je suis un vieillard ; la mesure de mes jours est pleine et mon voyage terrestre approche de sa fin. » Ananda fut saisi d'une grande tristesse et supplia le Maître de rester encore sur la terre. Mais le Bouddha lui reprocha une telle faiblesse et lui dit : « Ne t'ai-je pas enseigné, Ananda, qu'il est dans la nature essentielle de toutes les choses que nous aimons, que nous devons nous en séparer et les abandonner. Tout ce qui a été enfanté, tout ce qui est devenu et qui a commencé porte en soi-même la nécessité de périr. Comment donc serait-il possible qu'un être humain ne périsse pas,

---

1. Ananda était le compagnon personnel du Bouddha, depuis le moment où il était entré dans la Confrérie des Élus. C'était celui de ses disciples que le Maître aimait le plus, à cause de sa simplicité, de sa tendresse de cœur et de son dévouement.

quand même ce serait un Bouddha suprême et parfait? Il ne peut pas y avoir d'état de durée éternelle. En vérité, je te le dis, dans trois mois le Tathagata[1] entrera dans la paix éternelle. Aussi vous, Frères, à qui j'ai enseigné la vérité que j'avais reconnue, acquérez-la tout entière ; vivez jour par jour et heure par heure, dans son esprit ; absorbez-vous en elle et répandez-la à ma place, afin que la pure Doctrine vive et se conserve longtemps. Celui qui restera fidèlement sur le sentier de la sainteté, traversera sûrement l'Océan de la vie et arrivera à ce but sublime, où cesse toute souffrance. »

Bien que le Bouddha fût infirme et tourmenté de douleurs, il continua cependant à aller de lieux en lieux, rassemblant partout, autour de lui, les adhérents laïques, les exhortant à rester inébranlables sur le chemin du salut.

---

1. Le term « Tathagata » signifie un sage, qui est « venu comme ceux qui l'ont précédé » pour renouveler la vraie Doctrine. C'est ainsi que le Bouddha se nomme toujours, quand il parle de lui-même.

A Boya-Nagara il s'arrêta dans le temple d'Ananda. C'est là qu'il dit aux disciples : « Frères, lorsque je vous aurai quittés, quelques-uns se lèveront, des Anciens de la communauté, des Frères et des Ermites qui diront : J'ai entendu ceci ou cela de la bouche de l'Éclairé ; c'est de sa propre bouche que je l'ai recueilli. Voilà la Vérité, voilà la Loi, voilà la Doctrine du Maître. Il ne faudra ni croire sans examen, ni rejeter avec dédain de semblables affirmations. Vous devrez écouter chaque parole attentivement et sans prévention et la comparer avec soin avec les traits fondamentaux de la Doctrine et les règles de la Confrérie, tels que je vous les ai donnés. Si, après cette comparaison, l'affirmation de cet Ancien, de ce Solitaire ou de ce Frère ne concorde pas avec la Doctrine et avec la Règle, rejetez-la ; en cas contraire, acceptez-la comme ma propre parole. Tel est l'enseignement que je vous donne. »

Le Bouddha alla ensuite à Boya-Gama, puis à Pava. Là, il s'arrêta dans le bosquet de Mangos de Tchounda, qui appartenait à la caste des forgerons. Dès que Tchounda l'apprit, il accourut plein de joie et pria le Bouddha de venir prendre son repas, avec les Frères, dans sa maison. Le Bouddha lui fit connaître par son silence qu'il y consentait.

Tchounda, le forgeron, leur servit alors ce qu'il avait de meilleur : du riz, des gâteaux et du sanglier cuit au four. Lorsque le Bouddha s'en aperçut, il dit à Tchounda : « Tu ne donneras qu'à moi du sanglier, que tu as préparé, Tchounda. Les Frères auront le riz et les gâteaux. » Le forgeron fit suivant la volonté du Maître. Lorsque celui-ci eut mangé, il se tourna de nouveau vers Tchounda et lui dit : « Enterre dans une fosse ce qui reste de la viande, car à part le Bouddha, il n'y a ni sur terre ni dans les mondes célestes, ni parmi les Samanas, ni parmi les Brahmanes, les dieux ou les hommes, un seul être qui puisse prendre cette nourriture sans se nuire. »

66. *Que signifiaient ces paroles ?*

Le Bouddha voulait ainsi montrer clairement aux adhérents laïques que la chair des animaux n'était pas une nourriture pour les hommes ou les êtres d'une nature supérieure ; mais que celui qui mange de la viande, nuit à son corps et à son esprit. C'est pour cela qu'il défendit au forgeron d'en donner aux disciples.

67. *Pourquoi le Bouddha en avait-il mangé lui-même ?*

Parce qu'il ne voulait pas violer un précepte qu'il avait donné lui-même en recommandant aux Frères de ne jamais repousser ce qui leur serait offert de bon cœur.

68. *Y a-t-il d'autres détails sur les derniers moments du Bouddha ?*

Après que le Bouddha eut encore réjoui et édifié Tchounda par sa parole, il continua son chemin vers Kousinara. En chemin, il fut surpris par une grave maladie et affligé de violentes douleurs. Cependant il les supporta sans se plaindre, d'un cœur fort et en se dominant complètement lui-même. Sa faiblesse devint pourtant si grande qu'il dut se coucher sous un arbre, au bord du chemin. Il dit alors à Ananda : « Cherche-moi un peu d'eau, Ananda, j'ai soif. »

Ananda répondit : « Seigneur, une caravane vient de passer dans le ruisseau, le fonds a été enlevé par les roues des voitures : l'eau est trouble et souillée. »

Mais le Bouddha renouvela sa prière. — Ananda prit son vase à aumônes et descendit au ruisseau. A son grand étonnement, l'eau, tout à l'heure sale et trouble, coulait plus claire et plus pure que jamais. Ananda, frappé d'admiration, puisa de l'eau qu'il porta au Maître. Celui-ci la but et se désaltéra.

Il arriva alors que le jeune Poukkousa, qui était de la tribu des Mallas et à qui appartenait la caravane, passa sur le chemin. Lorsqu'il vit le Bouddha assis sous l'arbre, il s'approcha avec respect, le salua et s'inclina devant lui. Il ordonna ensuite à un de ses serviteurs d'apporter deux vêtements d'étoffe d'or et dit : « Maître, accorde-moi la faveur d'accepter de mes mains ces vêtements. »

Le Bouddha répondit : « Donne-moi un de ces vêtements, Poukkousa, et offre l'autre à Ananda. »

Ananda revêtit alors le Bouddha de l'un de ces vêtements, mais dès que cela fut fait, l'étoffe sembla avoir perdu tout son éclat.

Plein d'étonnement, Ananda s'écria : « Seigneur ! Ton visage est si resplendissant ; une telle lumière sort de toi que ce vêtement d'étoffe d'or semble avoir perdu tout son éclat. »

Et le Bouddha répondit en disant : « Ce que tu dis est vrai, Ananda. Le Bouddha est transfiguré deux fois dans sa carrière terrestre : La première fois dans la nuit où il arrive à la suprême connaissance ; et la seconde dans la nuit, où il entre dans la paix éternelle. Et c'est aujourd'hui, Ananda, à la troisième heure de la nuit, que le Bouddha entrera dans la paix éternelle. »

Le Bouddha se leva alors avec de nou-

velles forces, et marcha, avec les disciples
qui étaient avec lui, vers le bosquet de
Salas des Mallas, non loin de Kousinara,
sur les bords de l'Hiranyavati. Et il dit à
Ananda : « Je t'en prie, Ananda, étends
pour moi un vêtement sur ce banc, entre
ces deux arbres. C'est là que je veux m'é-
tendre.— « Qu'il soit fait comme tu le dé-
sires, Maître, » répondit Ananda et il
prépara un lit sur le banc, avec la tête
vers le Nord, entre deux arbres jumeaux.
Le Bouddha s'y étendit. Et les deux arbres se couvrirent de fleurs innombrables, bien que ce ne fût pas la saison. Ils
laissaient tomber leurs fleurs, comme
une pluie, sur le Bouddha et des mé-
lodies célestes résonnèrent dans les
airs.

Le Bouddha dit alors : « Voyez ! Quel
spectacle. Le ciel et la terre luttent à
l'envi pour honorer le Tathagata. Cependant ce n'est pas ainsi que le Tathagata doit être vénéré et exalté. Ceux de
mes disciples et de mes adhérents qui
vivront toujours dans l'esprit et qui sui-

vront fidèlement les préceptes d'une vie honnête, seront seuls à honorer et à exalter le Bouddha, comme il doit l'être. »

Il se tourna alors encore une fois vers ses disciples et dit : « Lorsque je serai mort, quelques-uns de vous penseront peut-être : la bouche du Maître est devenue muette ; nous n'avons plus de guide. Mais, vous ne devez pas penser ainsi, Frères. La Doctrine que je vous ai annoncée, et les préceptes d'une vie sans tache, que j'ai établis pour vous, doivent être vos guides et vos maîtres, quand je ne serai plus avec vous. »

Quelque temps après, le Bouddha éleva encore la voix et dit : « Frères, souvenez-vous toujours de ce que je vous ai dit : Tout ce qui naît est périssable. Efforcez-vous sans relâche d'arriver à la délivrance. »

Ce furent les dernières paroles du Bouddha. Son esprit s'enfonça dans les profondeurs de l'absorption mystique et, lorsqu'il eut atteint ce degré, où toute pensée, toute notion s'éteint et où la conscience de l'individualité cesse, il entra dans le suprême Nirvâna.

Devant la porte de Kousinara, qui s'ouvre vers l'Orient, les nobles des Mallas brûlèrent le corps du Bouddha avec des honneurs royaux.

LA DOCTRINE (DHAMMA).

69. *Qu'est-ce que c'est que la Doctrine?*

La Doctrine, c'est la Vérité et la Règle de Salut que le Bouddha a perçues et annoncées, que la tradition des Arahats nous à conservées et qui sont contenues dans les Livres Saints.

70. *Comment nomme-t-on les Livres Saints des Bouddhistes?*

Les trois Pitakas (Tripitaka) ou collections de livres.

71. *Comment sont nommées les trois Pitakas?*

Soutta-Pitaka, Vinaya-Pitaka et Abhidhamma-Pitaka.

72. *Que contient le Soutta-Pitaka?*

Il contient les enseignements, les prédications et les sentences du Bouddha qui sont destinées aussi bien aux adhérents laïques qu'à la Confrérie ; enfin un certain nombre d'allégories et de préceptes qui doivent expliquer la Doctrine.

73. *Que contient le Vinaya-Pitaka?*

Il contient les préceptes et les règles de conduite de la Confrérie des Élus (Sangha).

74. *Que contient l'Abhidhamma-Pitaka?*

L'Abhidhamma - Pitaka contient les doctrines religieuses et philosophiques les plus profondes du Bouddhisme et n'est intelligible que pour ceux des Frères qui ont déjà atteint un degré supérieur de développement spirituel et moral.

75. *Ces trois collections de livres contiennent-elles des révélations divines?*

Non. Il n'y a pas de révélations divines. Le Bouddhisme rejette absolument cette idée insensée et sans base, que la vérité éternelle soit révélée ou inspirée par un dieu ou par un ange à un homme privilégié, et favorisé d'une grâce spéciale. Les hommes n'ont jamais reçu de révélations que de la bouche de ces maîtres sublimes de la race humaine qui, par leurs propres forces, se sont élevés à la perfection suprême, spirituelle et morale, et que l'on appelle pour cela des Bouddhas, Lumières du monde. Ces hommes perçoivent la vérité éternelle par intuition, lorsqu'ils sont arrivés à l'état d'illumination intérieure. C'est cette vérité éternelle, telle que le Bouddha Gotama l'a perçue et annoncée, que contiennent les trois Pitakas.

76. *Qu'est-ce qui a poussé le Bouddha à nous annoncer la Doctrine?*

Sa miséricorde, sa bienveillance sans bornes, sa compassion pour nos souffrances et notre ignorance. Car c'est notre ignorance, c'est-à-dire notre aveuglement naturel et inné (avidya) [1] qui nous empê-

---

1. C'est parce que nous ne reconnaissons pas la vraie nature du monde et de l'homme; parce que nous sommes dans l'ignorance de l'ordre moral du monde, que nous tombons sans cesse dans le péché qui exige, pour son expiation, les souffrances d'une nouvelle existence.

C'est parce que nous sommes aveuglés par les illusions terrestres, que nous courons après des

che de trouver, par nos propres forces,
le chemin qui nous sortirait de ce Samsâra.

77. Qu'est-ce que c'est que le Samsâra?

C'est le monde dans lequel nous vivons; le monde de l'erreur, du péché, de
la naissance, de la souffrance et de la
mort. C'est le monde qui commence et
finit, celui des variations éternelles, des
désillusions et des douleurs; c'est le cer-

choses qui n'ont de valeur que dans nôtre imagination et qui entraînent après elles plus de
douleurs que de jouissances; que nous estimons
si haut ce qui est vain et vide; que nous nous
affligeons sur des événements qui ne méritent
pas que nous y prenions garde, et que nous
nous réjouissons de choses qui nous sont nuisibles ou qui doivent même être la cause de notre
ruine. C'est parce que nous ne possédons pas la
vraie connaissance que nous attachons notre
cœur à des biens terrestres et périssables; que
nous nous jetons de toutes nos forces dans la
lutte pour l'existence, sans nous occuper de
notre vrai salut. C'est ainsi que toute notre vie est
une chaîne sans fin de souhaits qui ne se réali-
sent jamais, d'illusions et de désillusions doulou-
reuses, de passions et de désirs qui manquent
toujours leur but ou qui, apaisés pour un instant,
ruinent nos forces physiques et morales, comme
des blessures, mal guéries, qui se rouvrent sans
cesse, nous entretenant dans un état perpétuel
de souffrance, dont l'ignorant et l'aveuglé ne
peuvent jamais sortir.

cle sans fin des existences toujours nouvelles, dont on ne peut s'échapper, tant que la lumière de la vraie connaissance, qui doit nous sauver, ne s'est pas allumée en nous.

78. *Quelle est la cause de la souffrance, de la mort et des vies successives ?*

C'est la volonté de vivre [1] qui nous anime tous ; le désir d'une existence individuelle dans ce monde ou dans un autre. (Ciel ou Paradis).

79. *Et comment peut-on mettre fin à la souffrance, à la nécessité d'existences successives ?*

En se débarrassant de la volonté de vi-

---

1. Cette expression « volonté de vivre » ne signifie pas, dans le sens bouddhique, ce que les Européens comprennent sous le nom de « volonté consciente » ; mais l'instinct vital, en partie conscient, en partie inconscient, que l'on retrouve chez tous les êtres, (même dans les animaux et dans les plantes) ; l'ensemble de tous les efforts, de toutes les tendances, de tous les désirs, penchants ou aversions qui prennent leur source dans l'égoïsme et qui tendent à conserver l'existence individuelle et à atteindre le bien-être et la jouissance.

Le lecteur européen, qui voudrait pénétrer le sens vrai de la Doctrine, devrait avoir toujours présente à l'esprit cette définition.

vre, en dominant le désir d'une existence individuelle, dans ce monde ou dans un autre. Voilà la délivrance, l'affranchissement, le chemin pour arriver à la paix éternelle.

80. *Qu'est-ce qui nous empêche donc de nous débarrasser de la volonté de vivre et d'arriver à la délivrance ?*

Justement cette ignorance (avidya) cet aveuglement terrestre, ce manque de connaissance véritable.

81. *Quelle est cette connaissance qui conduit au salut et à la délivrance ?*

La connaissance des Quatre Vérités de Salut que le Bouddha nous a annoncées.

82. *Quelles sont les Quatre Vérités de Salut ?*

Ce sont :

La souffrance.

La cause de la souffrance.

La suppression de la souffrance.

Le chemin qui mène à la suppression de la souffrance.

83. *Comment s'expliquent les Quatre Vérités de Salut ?*

Ecoutez les propres paroles du Bouddha ; elles sont contenues dans le livre de « l'Annonciation de l'Ordre moral du Monde » :

« Frères, c'est parce que nous ne reconnaissons pas et que nous ne saisissons pas les Quatre Vérités de Salut, qu'il nous faut suivre si longtemps le chemin désolé des existences successives. Et quelles sont ces Quatre Vérités de Salut ? Ce sont la vérité de la souffrance, la vérité de la cause de la souffrance, la vérité de la suppression de la souffrance et la vérité du chemin qui mène à la suppression de la souffrance.

Mais, si ces Quatre Vérités sont une fois absolument reconnues et comprises, la volonté de vivre disparaît. Les aspirations qui conduisent à une nouvelle existence s'éteignent et le cercle des vies successives Samsâra) prend fin.

Voici, Frères, la sublime vérité de la souffrance : La naissance est une souffrance ; la maladie est une souffrance ; la mort est une souffrance. Être séparé de ce qu'on aime est une souffrance. Vivre avec ce qu'on n'aime pas est une souffrance. Ne pas obtenir ce qu'on désire est une souffrance. Être obligé de souffrir ce que l'on déteste est une souffrance. Bref l'existence comme être isolé (Individualité) est, par sa nature même, une souffrance.

Voici, Frères, la vérité sublime de la cause de la souffrance : C'est la volonté de vivre, le désir d'exister et de jouir qui conduit de naissance en naissance et qui cherche sa satisfaction, tantôt dans une forme tantôt dans une autre. C'est le désir de satisfaire ses passions, le désir d'une félicité individuelle, dans ce monde ou dans un autre.

Voici, Frères, la sublime vérité de la suppression de la souffrance : C'est l'anéantissement complet de la volonté de vivre, du désir d'exister et de jouir. Il faut les vaincre, s'en défaire, s'en délivrer, ne plus leur accorder de place en soi-même.

Voici, Frères, la sublime vérité du chemin qui conduit à la suppression de la souffrance : En vérité, c'est le Sublime Sentier à huit parties qui s'appelle : Connaissance droite, volonté droite, parole droite, action droite, vie droite, efforts droits, pensée droite, recueillement droit.

Il y a deux extrêmes, Frères, que celui qui s'efforce d'arriver à la délivrance doit éviter. L'un : le désir de satisfaire ses passions et le goût des jouissances sensuelles est bas, vil, dégradant, et pernicieux ; c'est le chemin des enfants du monde. L'autre : les mortifications violentes est triste, pénible et inutile. Seul, le chemin intermédiaire, que le Bouddha a trouvé, évite ces deux extrêmes, ouvre les yeux, éclaire l'intelligence et conduit à la paix, à la Sagesse, à la Lumière, au Nirvâna [1].

Le lecteur européen, qui n'est pas bouddhiste, n'apercevra pas facilement quelle somme de profondes connaissances et de vérités philosophiques et religieuses est contenue dans ces quelques phrases. On ne peut donc assez recommander de les méditer souvent et sérieusement. Personne ne peut espérer comprendre véritablement la vraie nature de l'être et la sublime doctrine du Bouddha, avant d'avoir péné-

84. *Qu'est-ce que c'est que le Nirvâna?*

C'est un état de l'esprit dans lequel toute volonté de vivre, tout désir d'exister et de jouir est complètement éteint; où toute passion, toute aspiration, tout désir, toute crainte, toute malveillance et toute douleur ont disparu. C'est un état de paix de l'âme, accompagné de l'assurance inébranlable que la délivrance est obtenue. Un état que les paroles ne peuvent dépeindre et que l'imagination de celui qui ne s'est pas détaché du monde cherche en vain à se représenter. Seul celui qui l'a éprouvé lui-même peut savoir ce que c'est que le Nirvâna [1].

tré complètement le sens et l'importance des Quatre Vérités de Salut, avant d'en avoir reconnu toute la portée.

1. La plupart des Européens ont sur le Nirvâna les idées les plus étranges. La traduction littérale du mot est « être éteint, être soufflé » comme une flamme que le souffle du vent éteint ou qui cesse, faute d'aliment. On a cru devoir en conclure que le Nirvâna était le néant. C'est une erreur. Le Nirvâna est plutôt un état de suprême spiritualisation, dont évidemment aucun de ceux qui sont encore entravés par les liens terrestres, ne peut se faire une idée suffisante.

Mais qu'est-ce qui est donc éteint, soufflé dans le Nirvâna? Ce qui est éteint, c'est la volonté de

85 *Le Nirvâna est-il la même chose que la Délivrance ?*

Oui, c'est la délivrance et on peut l'atteindre dès cette vie.

86. *Tous les hommes peuvent-ils atteindre le Nirvâna dès la vie actuelle?*

Le plus petit nombre seul le peut. La

vivre, le désir d'exister et de jouir dans ce monde ou dans un autre, l'illusion que des biens matériels puissent avoir une valeur quelconque ou puissent être durables ; ce qui est éteint, c'est la flamme de la sensualité et du désir, le feu-follet vacillant du moi et de l'individualité (l'âme). A la vérité, le saint accompli, l'Arahat (qui seul peut atteindre en cette vie le Nirvâna) continue à vivre corporellement, car le résultat des erreurs et des fautes de vies antérieures, qui est justement le corps vivant, ne peut être annihilé tout à coup ; mais le corps est périssable ; l'heure, où il disparaîtra, viendra bientôt. Dès maintenant il ne reste plus rien en lui de ce qui pourrait rendre nécessaire une vie postérieure et l'Arahat entre dans la paix éternelle, dans le suprême Nirvâna (Paranirvâna).

Au sens des autres doctrines religieuses et du matérialisme scientifique, le Paranirvâna est en effet un anéantissement complet, puisque rien ne reste dans le Paranirvâna qui puisse correspondre d'une manière quelconque aux idées humaines sur l'existence. Du point, où est arrivé celui qui est devenu un Arahat, c'est bien plutôt le monde, avec tous ses phénomènes, qui est le néant, une illusion des sens, une erreur et le Paranirvâna lui paraît l'entrée dans l'être véritable, dans l'Éternel, l'Impérissable, où il n'y a plus ni individualité, ni souffrance.

plupart des hommes sont, par suite de leurs actes dans des vies antérieures, d'une nature spirituelle et morale si imparfaites, qu'ils ont besoin encore de nombreuses existences successives, avant d'être assez purifiés, pour obtenir la délivrance. Mais tout homme, qui fait de sérieux efforts, peut obtenir de renaître dans des conditions favorables.

87. *Notre passage à une autre existence dépend-il donc seulement de nous?*

Oui, de notre volonté seule. Cette « volonté de vivre » (tanha)[1] qui nous anime

1. Il faut rappeler encore ici expressément que le disciple européen du Bouddhisme ne doit pas confondre la « volonté de vivre », c'est-à-dire l'instinct vital, l'attachement inné que nous avons pour l'existence, avec la volonté consciente. La volonté consciente ne forme qu'une partie inférieure de la « volonté de vivre », celle qui est du ressort du cerveau. La « volonté de vivre » n'arrive à l'état conscient ni chez les animaux ni dans les plantes et ne devient que bien imparfaitement consciente chez la plupart des hommes. Elle ne se montre que comme un instinct aveugle, comme un amour acharné de l'existence, comme un effort constant, tendant à rechercher tout ce qui rend la vie agréable et sans douleur et à éviter tout ce qui peut lui nuire ou la mettre en péril. Beaucoup de ceux qu'on appelle pessimistes, qui prétendent mépriser la

tous et forme l'essence même de notre être, est véritablement la force créatrice; c'est ce que les autres religions se représentent comme Dieu personnifié. C'est la cause de notre existence et de nos vies successives, c'est en un mot ce qui crée, conserve et détruit toutes choses; c'est la vraie trinité.

88. *La nature de la nouvelle existence, où nous devons entrer après notre mort, dépend-elle également de nous?*

Oui, la nature de notre nouvelle vie dépend absolument de nos actes, des méri-

vie et dont la volonté consciente se détourne de l'existence actuelle, croient à tort qu'ils ont vaincu la « volonté de vivre. » Il n'en est rien, car leur égoïsme, leur attachement pour les joies et les jouissances, leur manque d'abnégation, prouvent que l'instinct vital est encore actif chez eux et qui les mènera sûrement à une autre existence. L'extinction véritable de la volonté de vivre ne se montre que par une abnégation et un renoncement complets; par la patience dans la souffrance, l'absence de toute passion, (colère, haine, envie, malveillance, désir de posséder, volupté, orgueil, ambition, vanité,) par un véritable calme, une bienveillance sincère envers tous les êtres vivants et la renonciation absolue à une récompense de nos bonnes actions dans cette vie ou dans une autre. (Ciel ou Paradis).

tes et des fautes de nos précédentes existences. Si nos mérites l'emportent, nous renaitrons dans un monde ou dans un ensemble d'êtres supérieurs ; si au contraire nous nous chargeons de fautes graves, elles auront pour conséquence inévitable, une autre existence inférieure, riche en souffrance et en douleur. [1]

89. *Quelle est la loi qui régit tout cela?*

Le Karma.

90. *Qu'est-ce que c'est que le Karma?*

C'est l'ordre moral du monde, dont l'ordre physique et visible de l'univers n'est que l'image matérielle. dans l'espace et dans le temps. C'est l'enchaînement de la cause et de l'effet dans la sphère morale. De même que dans la sphère physique, chaque cause entraine nécessairement dans le monde moral, l'effet corres-

---

1. Tout notre être est la conséquence de ce que nous avons fait. Ce sont nos actes qui l'ont produit et lui ont donné sa forme. Celui qui parle ou agit méchamment est poursuivi par la douleur, comme la roue du chariot suit la bête de somme qui le traine. Celui au contraire qui parle et agit en voulant le bien, est suivi de la félicité, comme de son ombre, qui ne le quitte jamais (Dhammapada.)

pondant. Le mal produit la souffrance,
Le bien produit la paix et la félicité,
Aucun être vivant ne peut se soustraire à
cette loi.

91. *Quelle différence y a-t-il entre le
Tanha et le Karma?*

Le Tanha est la volonté de vivre, la
cause agissante de notre existence et de
nos vies successives. Le Karma est ce qui
fixe la nature et les conditions de notre
existence et de nos vies successives, c'est-
à-dire notre forme, nos dispositions naturelles, le monde dans lequel nous vivons, nos souffrances et nos joies. Le
Karma est notre caractère individuel, notre véritable être intime et en même temps
c'est aussi ce que d'autres religions appellent la volonté de Dieu, la Providence ou
la destinée. [1]

92. *L'homme dans ses existences succes-*

1. Donner une idée juste et exacte du Karma
à un disciple européen du Bouddhisme, qui est
né en Europe et a grandi dans des idées toutes
différentes, serait une des parties les plus diffici-
les de notre tâche. C'est à peine possible et quelques mots n'y suffisent pas. Un enseignement
oral est ici nécessaire.

sives ne peut-il vivre que sur la terre ?

Non ; il y a dans l'espace incommensurable d'innombrables mondes habités, où vivent des êtres qui sont d'une nature inférieure à l'homme ou qui sont, au contraire, arrivés à un développement supérieur au sien. Nous pouvons renaître dans tous ces mondes.

93. *Les corps qui remplissent l'Univers sont-ils immuables ?*

Non, tous sont, comme notre terre, soumis à des changements continuels. Toute la nature, animée et inanimée, est éternellement variable. Les mondes naissent, se développent et périssent. C'est l'ordre de toute éternité.

94. *L'Univers est-il sorti du néant ?*

Non. Du néant, il ne peut rien naître ni sortir.

95. *Un Dieu créateur a-t-il, de sa propre volonté, appelé l'Univers à l'existence ?*

Non, il n'y a pas de Dieu créateur de la grâce ou de la volonté duquel l'existence du monde dépendrait. Tout naît et se développe par soi-même, en vertu de sa propre volonté, et conformément à sa propre nature et essence (Karma). L'ignorance a seule inventé un Dieu créateur. Les Bouddhistes rejettent absolument la croyance en un Dieu personnel, et regardent comme une insanité la doctrine d'une création sortie du néant. [1]

96. *Le Bouddha n'a-t-il rien enseigné sur le premier commencement et sur la fin de l'Univers?*

Non.

97. *Ne savait-il rien sur ces points?*

Si ; il le savait, mais il n'en a rien dit.

---

1. La création n'est, pour le Bouddhisme, que le renouvellement d'un corps de l'Univers ou d'un système du monde qui vient de périr. Les destructions des mondes sont amenées en partie par le feu, en partie par l'eau ou le vent, mais elles restent toujours, dans un même temps, restreintes à une petite partie de l'Univers. La véritable cause intime de ces destructions se retrouve toujours dans les fautes accumulées et devenues trop grandes des êtres vivants, dans leur Karma défavorable. De pareilles destructions, de pareils renouvellements de mondes sont continuels dans l'espace incommensurable. Sous ce rapport, la science moderne en est aujourd'hui, au moins en ce qui concerne le processus extérieur, justement au point où les Bouddhistes se trouvaient déjà il y a deux mille quatre cents ans.

98. *Pourquoi?*

Parce que cette science, même si elle pouvait être enseignée en paroles, ne pourrait en rien favoriser le développement spirituel et moral de l'homme; parce qu'elle ne conduit pas à la suppression de la douleur, au salut, à la délivrance, au Nirvâna. Il n'y a que celui qui est arrivé au dernier et suprême degré du développement humain, il n'y a qu'un Bouddha qui puisse concevoir la dernière base de ce qui est.

99. *Ainsi une explication des derniers mystères de l'être est impossible?*

Oui; parce que aucune des formes du Fini, auxquelles appartiennent aussi la pensée et le langage, ne peut exprimer l'Eternel, ce qui n'a pas commencé et qui ne finira pas. Partout où on l'a essayé, dans d'autres religions, cette entreprise n'a jamais conduit qu'à de vaines spéculations, à des affirmations vides, à des disputes, des malentendus et même souvent à la guerre, au meurtre et à des cruautés de toutes sortes. Au lieu d'arri-

ver à la vérité, au salut et à la paix, on n'a
abouti ainsi qu'à l'erreur, à la souffrance
et à des désastres. C'est pourquoi le
Bouddha s'est tu sur ces questions.

100. *N'apprendrons-nous jamais ces mystères ?*

Si. Tout homme, qui suit la Doctrine
de Salut du Bouddha, peut arriver à la
lumière et à la délivrance. Là, tous les
mystères que sa raison s'efforce en vain
de percer, se présenteront clairs et sans
voiles à son œil intérieur. Il faut seulement qu'il prenne et suive résolument le
Sublime Sentier à huit parties [1].

101. *Quelle est la meilleure manière de
le faire ?*

Entrer dans la Confrérie des Elus,
abandonner le monde et employer toutes
ses forces à atteindre le but suprême.

102. *Tout le monde le peut-il ?*

Tout homme qui le veut sérieusement,

1. Raidis-toi courageusement contre le cou-
rant des passions. Chasse loin de toi les désirs,
o Samana. As-tu reconnu le néant de ce qui a
commencé, tu as, du même coup, atteint la connaissance de ce qui est éternel. (Dhammapada).

le peut; mais le plus grand nombre ne veut pas quitter le monde et ses jouissances trompeuses.

103. *Celui qui reste dans le tourbillon du monde ne peut-il pas atteindre aussi à la lumière et à la délivrance?*

Non, c'est impossible. Atteindre, dès cette vie, le Nirvàna n'est réservé qu'à ceux qui sont entrés dans le Sublime Sentier à huit parties [1].

104. *Il y a donc plusieurs sortes de Bouddhistes?*

Oui; il y en a deux. Ceux qui prononcent la formule de recours et font les cinq vœux généraux, mais qui persistent à rester dans le monde, sont les adhérents laïques ou confesseurs de la Doctrine.

---

1. Ceux qui restent dans le tourbillon du monde, peuvent, dans le cas le plus favorable, atteindre le troisième degré de sainteté, c'est-à-dire devenir Anàgamine. Après leur mort, ils renaîtront dans un des mondes de lumière les plus élevés et de là ils entreront dans le Nirvàna, après un séjour plus ou moins long, suivant leurs mérites. Du reste, il est excessivement difficile de devenir Anàgamine pour celui qui ne quitte pas le monde; les tentations et les distractions y sont trop nombreuses.

Oupàsaka . Les véritables disciples du Bouddha sont seulement ceux qui renoncent au monde et qui, après avoir fait les dix vœux, marchent sur le sentier de la lumière et de la délivrance. Ils portent le nom de Bhikshou ou Samanas et forment la Confrérie des Elus. (Sangha.,

105. *Quels sont les cinq vœux ?*

Les cinq vœux ou Pantcha-Sila sont ainsi conçus :

Je fais vœu :

1° de ne tuer ou blesser aucun être vivant [1] ;

2° de ne pas voler ;

3° de ne pas m'abandonner à la luxure, c'est-à-dire de m'abstenir de tout commerce sexuel illégitime ; de ne séduire ni la femme, ni les filles, ni les pupilles ou les protégées de mon prochain ;

---

1. Ce vœu, le premier et le plus important, comprend tous les êtres vivants et pas seulement les hommes. Celui qui volontairement tue, blesse ou torture un animal, n'est pas un adhérent du Bouddhisme et ne peut pas obtenir de renaitre dans des conditions plus favorables que celles de sa vie actuelle.

4º de ne pas mentir, tromper ou calomnier ;

5º de ne boire aucune boisson enivrante [1].

Ces Pantcha-Sila sont obligatoires pour tout homme qui veut être un adhérent du Bouddhisme.

106. *Quel fruit recueille-t-on en accomplissant les cinq vœux.*

Celui qui les accomplit fidèlement sera honoré en cette vie de tous les braves gens ; il échappera à bien des douleurs et à biens des souffrances ; il aura une bonne conscience et vivra en paix avec ses voisins. Sa connaissance grandira et il renaîtra dans des conditions plus favorables. Celui qui observera les huit vœux un temps plus ou moins long, mais au moins tous les jours fériés de la semaine (Ouposàtha), obtiendra une récompense encore plus haute.

---

1. Ce vœu, dans toute son étendue, n'est prononcé que par la Confrérie. Pour l'adhérent laïque, il signifie l'abstention de toute espèce de spiritueux. L'usage modéré du vin et de la bière est permis à l'Oupàsaka.

107. *Quels sont les huit vœux? (Atthànga-Sila).*

Ce sont les cinq premiers, plus les trois suivants :

Je fais vœu :

6° De m'abstenir de manger dans les temps inopportuns; c'est-à dire de ne plus prendre de nourriture après le repas du milieu du jour ;

7° De ne pas danser, de ne pas chanter de chants profanes, de ne pas visiter les représentations théâtrales ou musicales, en un mot de m'abstenir de tous les plaisirs et des distractions mondaines ;

8° De ne me servir d'aucune sorte de parures, ni de parfums, en un mot de rejeter tout ce qui sert la vanité.

Le vœu concernant la luxure est, pendant l'observation des Atthànga-Sila, remplacé par celui de continence absolue, même pour les gens mariés.

108. *Quels sont les dix vœux des membres de la Confrérie?*

Ce sont les Dasa-Sila c'est-à-dire outre les huit déjà cités, les deux suivants :

Je fais vœu :

9° De ne pas me servir de lit somptueux, mais d'une couche basse et dure ;

10° De vivre toujours dans la pauvreté volontaire.

109. *De combien de manières peut-on manquer à ces vœux ?*

De trois manières : en pensées, en paroles ou en actions.

110. *Pouquoi celui qui ne quitte pas le monde, ne peut-il obtenir le Nirvâna?*

Parce que, dans le monde, il est impossible de remplir les dix vœux, dans toute leur étendue, de se débarrasser des dix liens et d'atteindre à la vraie connaissance. La vie mondaine ne repose que sur l'égoïsme et sur l'ignorance (Avidya).

111. *Ainsi, pour arriver à la délivrance, il nous faut devenir Bhikshou et prendre le chemin du renoncement?*

Ce n'est pas le chemin du renoncement, c'est le chemin de la délivrance. Celui qui regarde l'abandon des biens terrestres, des joies et des jouissances de ce monde, comme un renoncement douloureux, est encore bien loin de la vraie connaissance ; celui qui, au contraire, en y renonçant, croit se débarrasser des choses vaines, sans valeur et pesantes et secouer de lourdes chaînes, est seul dans le vrai [1].

1. C'est une illusion que l'homme sensuel, tout rempli de la volonté de vivre, du désir d'exister et de jouir, nourrit pour son propre tourment, de croire que la satisfaction de ses penchants et de ses passions lui donnera le bonheur. Ses désirs ne sont apaisés qu'un instant, lorsqu'il obtient ce qu'il voulait ; ils renaissent bientôt, d'autant plus forts qu'il leur cède davantage. Chaque souhait, qui se trouve accompli, en engendre un autre, et il est impossible que l'on puisse ainsi arriver à la satisfaction finale. Il faut ajouter du reste, que, dans cette voie, il faut s'attendre à des échecs, à des désillusions inévitables. Il faut enfin accepter la lutte avec tous ceux qui poursuivent le même but. Nous ne pouvons livrer ce combat perpétuel qu'aux dépens de nos forces physiques et morales. Moins nous refrénons nos désirs et nos penchants, plus ils prennent le dessus et plus ils diminuent nos forces, qui sont cependant nos seuls moyens de jouir. Ainsi, accroissement de nos désirs et, en même temps, diminution des moyens de les satisfaire : telle est l'inéxorable loi naturelle, à laquelle nous venons nous heurter, si nous prenons cette voie pernicieuse. Tout homme, qui médite sérieusement sur ces questions, doit donc reconnaître combien il est insensé de courir après les jouissances sensuelles, puisque le bonheur que nous cherchons, avec

112. *Le Bouddha ne peut-il pas nous dé-*
livrer des conséquences de nos fautes,
par son propre mérite?

Non; aucun homme ne peut être délivré par un autre. On lit dans les Livres
Saints : « Aucun Dieu. aucun saint ne
peut sauver un homme des conséquences
de ses mauvaises actions. Chacun doit se
délivrer lui-même. »

113. *Comment peut-on exprimer de la*
manière la plus brève, l'essence de
toute la Doctrine?

Par le mot : justice.

Une justice immuable règne dans tout
le domaine de la nature animée et inanimée. Chaque action bonne ou mauvaise
porte nécessairement ses fruits. La grace
d'un Dieu personnel ne peut sauver aucun criminel, tourmenté par le remords,

tant d'efforts, est impossible à atteindre. C'est
pour cela que nous trouvons ces paroles dans le
Dhammapada : « Comment pouvez-vous rire ?
Comment pouvez-vous vous réjouir dans ce
monde, que seule la flamme des vils désirs conserve ? Vous marchez dans les ténèbres, qui ne
cesseront jamais, si vous ne cherchez pas la
lumière qui les dissipe. »

des suites de sa mauvaise action [1]; de même qu'il n'y a pas de souverain du ciel ou de la terre dont le caprice puisse diminuer la récompense que l'homme vertueux doit recevoir.

114. *Comment s'acquiert-on des mérites, au sens moral du mot?*

En accomplissant fidèlement les vœux, en paroles, en pensées et en actions; en s'efforçant avec zèle d'arriver à la connaissance; mais, avant tout, en se montrant juste et bienveillant pour tous les êtres vivants.

115. *Est-ce seulement l'action extérieur, le fait visible, qui fixe le mérite?*

C'est le contraire. Aucune action extérieure n'a de mérite par elle-même. Le mérite ne dépend que de l'intention, de la pureté de la volonté. L'action n'a d'importance que parce qu'elle est le signe visible de la disposition intérieure, de la

---

1. Ni dans les profondeurs de l'espace incommensurable, ni dans le milieu de l'océan, ni dans les gorges obscures des montagnes, tu ne trouveras une place où tu puisses échapper aux suites de tes mauvaises actions. (Dhammapada).

direction de volonté de celui qui la commet.

116. *Pourrait-on rendre cela plus clair par un exemple?*

Un homme peut dépenser beaucoup d'argent pour secourir la Confrérie, pour adoucir les souffrances des pauvres, ou pour créer des fondations d'utilité générale et cependant ne gagner que peu ou rien pour son salut. En effet, il peut ne faire tout cela que pour obtenir la considération et le respect du monde. Un tel homme a déjà trouvé ici-bas sa récompense dans les égards qu'on a pour lui; il ne s'est acquis aucun mérite. Celui au contraire qui agit avec bonté et douceur dans la seule intention de devenir plus parfait et d'obtenir de renaître dans des conditions favorables, s'acquiert des mérites et il en recevra pleinement les fruits dans sa prochaine existence. Mais celui qui fait le bien aux êtres qui l'entourent, seulement par pitié, par bienveillance pure, qui ne se laisse guider par aucune considération égoïste et ne songe pas à une récompense dans ce monde ou dans d'autres, s'acquiert le mérite suprême. Il est tout près du Nirvâna et sûr de renaître dans un des mondes lumineux les plus élevés.

117. *Que devons-nous donc faire pour nous acquérir de vrais mérites ?*

Vaincre notre égoïsme, éviter le mal, pratiquer le bien.

118. *Pourquoi doit-on vaincre l'égoïsme ?*

Parce que c'est l'égoïsme qui est la cause principale de toutes nos erreurs, de toutes nos folies et de toutes nos mauvaises actions, en même temps qu'il est le principal obstacle à l'accomplissement du bien.

119. *Qu'est-ce que c'est qu'une bonne action ?*

C'est tout acte accompli dans l'intention pure de faire du bien à d'autres êtres vivants et de diminuer leurs souffrances.

120. *Qu'est-ce que c'est qu'une mauvaise action ?*

C'est tout acte commis, avec l'intention de blesser d'autres êtres vivants, de leur nuire ou de les faire souffrir. De plus tout acte égoïste qui n'a en vue que notre propre bien, sans se préoccuper s'il ne causera pas de souffrances à d'autres.

121. *Il y a cependant des actes égoïstes qui ne nuisent à personne?*

Ces actes ne sont ni bons ni mauvais. S'ils favorisent le bien terrestre de celui qui les fait, ils sont sensés; s'ils favorisent son salut éternel, s'ils doivent servir à son propre perfectionnement, ils sont sages; s'ils doivent nuire soit à son corps, soit à son esprit, ils sont insensés.

122. *Y a-t-il des devoirs envers soi-même?*

Non; la doctrine des devoirs envers soi-même n'est qu'une excuse de l'égoïsme.

123. *Est-il mal de rendre la pareille à un ennemi qui nous fait du mal?*

Oui; le vrai Bouddhiste ne rend pas le mal pour le mal. [1] Il abandonne le malfai-

---

1. Il m'a trompé, battu, ruiné : celui qui nourrit dans son cœur de telles pensées, sera toujours en butte à la haine. Car la haine n'est pas vaincue par la haine. La haine est vaincue par l'amour. C'est la règle de toute éternité (Dhammapada.)

teur à la justice éternelle, le lui pardonne et a pitié de lui ; car le méchant par suite de l'action du Karma, expiera dans cette vie ou dans une autre. Plus il se réjouit maintenant, plus il s'endurcit contre de meilleurs sentiments, plus sa punition sera dure.

124. *Le malfaiteur endurci doit-il expier éternellement ses mauvaises actions ?*

Non, aucune faute commise dans un temps fini, quelque grave qu'elle soit, ne peut avoir pour conséquence une punition éternelle. L'ordre du monde qui le permettrait, serait injuste et cruel. Or, l'ordre moral du monde, que le Bouddha nous a annoncé, repose sur la justice. Aussi chaque mauvaise action trouve seulement l'expiation temporaire qui lui correspond, dans cette vie ou dans une suivante.

125. *N'y a-t-il pas d'enfer, pas de ciel ?*

Non, du moins pas dans le sens chrétien, juif ou mahométan. Mais il y a des mondes obscurs, pleins de peine et de désespoir, où aucun rayon de la connaissance libératrice ne pénètre jamais. Là, celui qui a commis des fautes graves doit rester jusqu'à ce qu'il ait consommé le fruit de ses mauvaises actions. Ensuite son bon Karma (son mérite) le fait renaitre comme homme et de nouveau la possibilité lui est offerte d'atteindre à la connaissance et d'arriver, par une vie honnête, au Sentier du Salut. De même, il y a des mondes brillants et pleins de joie où l'homme bon, mais qui n'est pas encore mûr pour la délivrance, peut jouir de ses vertus. Lorsque le fruit de ses mérites est consommé, il faut qu'il revienne, comme homme, sur la terre, puisqu'il est encore animé de la volonté de vivre. [1]

1. Celui qui a reconnu les Quatre Vérités de Salut, n'aspirera donc ni au bonheur terrestre ni à revivre dans les brillants mondes célestes. Il ne cherchera que la délivrance, la paix éternelle. Aussi longtemps que l'individualité, que le *moi* n'est pas vaincu et anéanti, la souffrance, la naissance et la mort ne sont pas supprimées, Même les anges et les dieux (on nomme ainsi les êtres qui vivent dans les mondes brillants), sont astreints à mourir et à renaitre. Tout ce qui est susceptible de changement est susceptible de souffrance. Ce n'est que lorsque toute malveillance, tout désir, l'ignorance et l'individua-

126. *Y a-t-il de mauvaises actions qui doivent être expiées par plus d'une nouvelle
existence ?*

Sans doute ; de grands crimes exigent
souvent pour leur expiation plusieurs
existences successives, comme homme
ou comme habitant des mondes obscurs.

127. *La faute des parents est-elle punie
dans leurs enfants ?*

Non. Ce serait contraire à la justice
éternelle. Personne ne souffre pour la
faute d'un autre. Partout où il y a souffrance, il doit y avoir faute ; et partout où
il y a faute, il y a aussi souffrance. C'est
la règle de toute éternité.

128. *Nous voyons cependant que les enfants ressemblent en général à leurs
parents pour leurs qualités physiques
et morales : que les bons ou mauvais
instincts, la santé ou la maladie sont
héréditaires aussi bien que la richesse*

lité se sont éteints dans le Nirvâna, que cessent
la souffrance et la nécessité de renaître. C'est le
but suprême que le sage regarde comme seul
digne de ses efforts.

*ou la pauvreté. Cela ne semble-t-il pas
contredire la loi du Karma ?*

Non ; tout cela confirme cette loi. Nous
ne ressemblons pas à nos parents, parce
que nous sommes leurs enfants, mais c'est
au contraire, parce que nous ressemblons
à nos parents, dans notre être intime et
dans notre individualité, que nous sommes devenus leurs enfants.

C'est parce qu'au moment de notre incarnation, nous n'avions avec personne
d'aussi grandes affinités électives qu'avec
nos parents, que nous nous sommes in-
carnés en eux. Mais des causes semblables
produisent des effets semblables. L'iden-
tité des dispositions intimes chez les parents et chez les enfants, se retrouve aussi
nécessairement dans leur extérieur, dans
leurs penchants et dans toute leur existence.

La science, en constatant que beaucoup
de qualités sont communes aux parents et
aux enfants à simplement donné le nom
d'hérédité à un fait qui reste pour elle
inexplicable. Seule la doctrine du Karma

et des existences successives en donne
une explication satisfaisante.

129. *Comment s'expliquent, d'un autre
côté, les différences que l'on constate
souvent entre les parents et leurs enfants ?*

Justement en invoquant la même loi.
Les enfants sont, malgré toutes les affinités électives qu'ils ont avec leurs parents,
des individualités indépendantes. Ils ont
leur Karma particulier et doivent donc, à
côté des qualités qu'ils ont en commun
avec leurs parents, en avoir beaucoup
d'autres qui leur sont particulières. Si ce
sont justement ces dernières qui se développent dans cette existence terrestre, les
enfants semblent tout à fait différents de
leurs parents.

Du reste, c'est au moment de la pro-
création que les enfants ont avec leurs
parents les affinités électives les plus grandes. Dès le moment de la naissance chaque être vivant suit sa voie particulière
de développement qui souvent s'écarte
beaucoup de celles de ses parents.

130. *L'homme bon et juste souffre souvent beaucoup sur la terre. N'y a-t-il
pas là une violation de la loi de la justice éternelle?*

Point du tout. Il expie les fautes d'existences antérieures. C'est la conséquence
de son Karma défavorable.

131. *Comment se fait-il que le méchant
et l'injuste soient souvent heureux et
considérés ici-bas?*

C'est la conséquence de leurs mérites
dans des existences antérieures. C'est leur
Karma favorable. Mais, lorsqu'ils auront
consommé le fruit de leurs mérites, il
leur faudra aussi goûter dans des existences postérieures le fruit amer de leurs
méfaits. [1]

---

1. « La mauvaise action n'est pas comme le lait
qui se caille tout de suite, mais comme un feu
qui couve sous la cendre. Il continue à brûler
doucement, sans qu'on le voie et éclate tout-à-
coup pour détruire l'édifice trompeur du bonheur,
où le malfaiteur se croit à l'abri. » Telles sont les
paroles des Livres Saints.

L'inégalité des destinées humaines sur cette
terre : l'apparente injustice qui fait que des hommes justes et bons sont souvent accablés de souffrances, tandis que l'injuste vit dans la joie et la
magnificence, fournit à tout homme qui ne se

132. *Ne peut-on se soustraire, par le suicide, aux suites de ses méfaits ?*

Personne ne peut se soustraire à la justice éternelle. Elle est inexorable et toute puissante et personne ne lui échappe. Aussi on trouve ces paroles dans le Dhammapada [1] : « Ni dans les profondeurs de l'espace incommensurable, ni dans le milieu de l'océan, ni dans les gorges obscures des montagnes, tu ne trouveras une place où tu puisses échapper aux suites de tes mauvaises actions.

refuse pas à voir, la preuve irréfutable qu'il y a d'autres existences. Tout homme qui pense reconnait que cet immense Univers qui nous parait si admirable ne peut pas être régi et soutenu par une force aveugle et injuste ; toutes les apparentes contradictions matérielles ou morales, que nous croyons y découvrir, doivent nécessairement trouver leur expiation. Lorsque nous voyons donc un homme juste et bon souffrir et que nous ne pouvons pas découvrir des fautes dans sa vie actuelle, nous devons en conclure qu'il les a commises dans une existence antérieure. La faute et la souffrance se correspondent toujours. C'est le principe fondamental de toute justice.

1. Le Dhammapada est un magnifique recueil d'aphorismes tirés du Soutta-Pitaka, pour les adhérents laïques.

133. *Le suicide est-il une illégalité ou un
    péché ?*

Le suicide n'est pas une illégalité, car
chaque être a un droit sur sa propre vie.
Ce droit n'a pas besoin d'être démontré.
Mais le suicide est une action insensée,
puisqu'il coupe violemment le fil d'une
existence qui se renoue immédiatement,
par la loi du Karma, et qui se renoue dans
des conditions encore plus défavorables
que celles auxquelles le suicidé dans son
aveuglement, a cru échapper.

134. *Pourquoi dans des conditions plus
    défavorables ?*

Parce que tout notre être, avec ses
souffrances et ses joies, n'est que la conséquence de nos propres erreurs et de nos
propres fautes. Aussi longtemps donc
que l'erreur ne se dissipe pas et que la
faute n'est pas expiée, on ne peut pas arriver à une meilleure existence. Celui qui
le comprend, supportera patiemment toutes les souffrances et s'efforcera, en vivant
honnêtement, en s'étudiant lui-même et
en faisant le bien d'acquérir autant de mé-

rites qu'il pourra, afin de devenir digne d'une meilleure existence. Celui qui, au contraire, cherche follement à se soustraire à la souffrance, qui doit le purifier, prouve qu'il est encore bien loin de se connaître lui-même et qu'il n'a pas la volonté de devenir bon et sage. Dans sa folie aveugle, il brise cette forme fragile, qu'il prend pour son être véritable, et entre ainsi dans le sentier obscur, qui doit le ramener en arrière.

135. *Quelle est donc la partie de nous-mêmes qui renaît ?*

C'est la volonté individuelle de vivre ou l'individualité. C'est elle qui forme l'essence de notre être et qui, après la décomposition, après la ruine du corps matériel, renaît par l'effet du Karma, c'est-à-dire, s'incarne dans une autre forme.

136. *Cette volonté individuelle de vivre, cette individualité, n'est-elle pas ce qu'on appelle l'Ame ?*

Non ; ce n'est pas la même chose. La croyance en une âme immortelle, c'est-à-dire en une entité unique, éternelle et

indestructible et en même temps personnelle, qui ne résiderait dans le corps
que temporairement, est regardée par
le Bouddhisme comme une erreur re-
posant sur l'ignorance de la vraie nature
de l'existence et des êtres vivants. Ce que
les adhérents des religions européennes
appellent l'âme est la réunion de différentes forces inférieures et supérieures
(Skandhas), qui se séparent, lorsque l'or-
ganisme meurt. Ce qui s'incarne de nouveau dans une existence suivante n'est
pas l'âme, mais seulement la volonté individuelle ou l'individualité. Celle-ci,
chaque fois qu'elle renaît, se crée, suivant
Karma, une nouvelle combinaison de
Skandhas, c'est-à-dire une nouvelle per-
sonalité [1].

137. *L'être qui renaît est donc, à propre-*

---

1. La croyance si répandue en une âme immortelle, c'est-à-dire en une entité individuelle,
douée de connaissance, différente des autres et
cependant éternelle, dérive surtout du désir
égoïste d'une immortalité personnelle. Cette superstition découle donc de la volonté de vivre
et rentre dans les Dix Liens qui enchaînent
l'homme.

ment parler, tout à fait différent de ce-
lui qui est mort ?

Il peut en paraître ainsi à l'homme, qui
n'est pas encore sorti de l'état d'ignorance. Celui qui est arrivé à la connaissance, sait au contraire, que c'est bien le
même être qui fait le bien ou le mal et qui
en est récompensé ou puni dans une vie
suivante [1].

138. *Combien de temps peut vivre l'indi-*
vidualité dans des incarnations tou-
jours nouvelles ?

Elle vit, tant qu'elle n'a pas atteint la
connaissance et le Nirvâna.

139. *Comment se fait-il que nous ne nous*
souvenons plus de nos existences an-
térieures ?

Parce que nous sommes aveuglés par

1. Pour donner au lecteur non encore initié,
une indication qui lui permette de comprendre
comment un être peut, sous certains rapports,
être tout autre qu'il n'était, tout en restant le
même, il suffit de lui rappeler combien le même
homme est différent, aux différents âges de sa
vie. Le vieillard ne ressemble pas à l'enfant qui
vient de naître. Pourtant ils ne font qu'une seule
et même personne.

les illusions terrestres, parce que notre œil est encore couvert du voile de l'ignorance et parce que nous ne sommes qu'imparfaitement conscients ou tout à fait inconscients de notre nature supérieure. Notre vie ressemble à un rêve [1].

140. *Peut-on rendre cela plus clair par une comparaison ?*

Nous avons des rêves la nuit. Dans ces rêves nous somme tantôt un mendiant, tantôt un roi — quelquefois nous y sommes pauvres, menacés par toutes sortes de souffrances et de dangers ; d'autres fois nous sommes favorisés par le bonheur et pleins de joie. Cependant, c'est la même individualité qui prend, en rêve, toutes ces formes. De plus dans les rêves d'une

[1]. Si l'on veut employer la langue philosophique moderne, telle serait la manière la plus simple d'expliquer ce fait : La mémoire réside dans les Skandhas, qui se séparent au moment de la mort. La mémoire ne passe donc pas d'une existence à celle qui la suit. Il en résulte aussi que nous n'emportons pas avec nous, dans une nouvelle vie, les connaissances scientifiques ou les capacités que nous avons acquises dans notre existence actuelle. Seul notre caractère moral, qui forme l'essence même de notre individualité, survit à la mort.

nuit, nous ne nous souvenons pas que nous avons déjà rêvé. Mais quand on est réveillé, on se souvient des rêves de plusieurs nuits. C'est absolument ce qui se passe pour nos différentes existences. C'est toujours la même individualité, le même « moi » qui renaît sous des formes changeantes. Chacune de nos existences est un rêve de notre volonté de vivre, tantôt heureux tantôt effroyable. Tant que nous nous trouvons engagés dans un de ces rêves, nous ne nous souvenons plus des autres. Mais celui qui est délivré, le Bouddha, a fini de rêver. Il est éveillé et se souvient de toutes les existences qu'il a traversées.

Les Arahats aussi possèdent la faculté de se souvenir de beaucoup de leurs existences précédentes. Mais, ils n'arrivent à cette connaissance, qu'après qu'ils se sont débarrassés des Dix Liens et qu'ils ont obtenu d'être complètement délivrés de l'existence.

141. *Quels sont les Dix Liens ?*

1º L'illusion que le « moi », l'individualité ou l'âme est immortelle ;

2º Le doute qu'il y ait un ordre moral de l'Univers et un chemin pour arriver à la délivrance ;

3º La superstition de croire que des exercices extérieurs religieux, la prière, les sacrifices, l'attention prêtée aux prédications, la vénération des reliques, les pèlerinages et les autres rites ou cérémonies puissent conduire à la délivrance ;

4º Les passions et les désirs sensuels ;

5º La haine, la malveillance envers les êtres, au milieu desquels nous vivons ;

6º L'attachement à la vie terrestre ;

7º Le désir d'une vie future, au ciel ou dans le Paradis ;

8º L'orgueil ;

9º L'orgueil spirituel ;

10º L'ignorance (Avidyā).

142. *Le repentir et la pénitence ne contribuent-ils pas aussi à notre perfectionnement et à la délivrance ?*

Oui ; mais le repentir seul ne peut rien. La justice éternelle ne se laisse pas acheter ; on ne peut rien lui arracher, ni de force, ni par prières. Le repentir n'a de valeur que parce qu'il suppose la connaissance sensible de notre faute; parce qu'il nous excite à réparer, dans la limite de nos forces, le mal ou la souffrance que nous avons causés à d'autres et à nous acquérir des mérites dans la suite. Un repentir inactif ; une contrition qui se bornerait à gémir, sont inutiles.

Toute pénitence extérieure est de même sans valeur. Rien ne sert de s'imposer une punition, de se torturer soi-même. Le vrai repentir du Bouddhiste consiste à s'engager résolument dans le chemin du salut; sa vraie pénitence consiste à détruire en lui-même l'égoïsme, les passions et l'ignorance.

143. *Le Bouddha enseignait-il que seuls ses addhérents peuvent arriver à la délivrance. ?*

Non; le Bouddha annonçait le règne de l'ordre moral de l'Univers et de la justice éternelle, qui ne s'inquiète pas de ce qu'on croit ou de ce qu'on ne croit pas.

La disposition morale, la volonté bonne ou mauvaise sont seules en jeu. Chaque être, qu'il soit bouddhiste ou non, reçoit la récompense qu'il mérite. Ceux qui ont d'autres croyances peuvent donc arriver aussi à la délivrance. Mais il leur est bien plus difficile d'y arriver et ils risquent bien plus de manquer le but.

Ils sont comme ceux à qui on a mal indiqué leur chemin. Après avoir beaucoup erré en tous sens, après avoir traversé des marais, des déserts, des forêts, des montagnes et des fleuves, ils peuvent pourtant à la fin arriver au terme de leur voyage. Celui au contraire qui prend le bon chemin n'a qu'à aller droit devant lui, et à ne pas s'écarter du sentier tracé, pour arriver au but rapidement et facilement. Il n'y a que le Bouddha qui indique le bon chemin.

144. *Le Bouddhisme ordonne-t-il de haïr, de mépriser et de persécuter ceux qui ont d'autres croyances ?*

Au contraire. Il nous ordonne d'aimer

comme des frères tous les hommes, à quelque race, quelque nationalité ou quelque religion qu'ils appartiennent. Il nous commande de respecter les conditions de ceux qui ont d'autres croyances que nous et même d'éviter toute disputation sur les questions religieuses. Le Bouddhisme est pénétré de l'esprit de tolérance le plus pur. Jamais et nulle part il n'a fait couler le sang pour s'étendre; jamais, lorsqu'il est arrivé à dominer dans une contrée, il n'a persécuté ou opprimé ceux qui ne l'acceptaient pas [1]. Celui qui ne reconnait pas la vérité ou qui ne veut

1. Lorsqu'il y a environ trente ans, la mission catholique française pria le roi de Siam de lui donner la permission de s'établir dans le pays, celui-ci la lui accorda immédiatement et donna même aux missionnaires des terres en leur souhaitant de réussir. Le succès cependant ne vint pas. Les missionnaires cherchèrent alors à montrer leur zèle d'une autre manière, en souillant les images d'un temple bouddhiste voisin. Lorsque les habitants du village, auquel le temple appartenait, vinrent se plaindre au roi, celui-ci leur conseilla de céder, comme étant les plus raisonnables, et de transporter ailleurs les images du Bouddha, puisqu'elles n'étaient là que comme des marques de souvenir. Il les pria d'éviter toute lutte, leur représentant que la religion s'occupait de choses plus importantes que de

pas l'entendre ne nuit qu'à lui-même ; il excite donc la pitié et non la haine du Bouddhiste.

145. *Les prières, les sacrifices, l'observation d'usages religieux sont-ils nécessaires pour arriver au Nirvâna ?*

Non ; il n'y a pas, à proprement parler. de prières et de sacrifices dans la religion bouddhiste. Il est excellent cependant de réciter des sentences ou de lire les écritures saintes, ainsi que d'écouter les prédications, quand on le fait avec une vraie piété. En effet l'adhérent puise ainsi un

pareilles et misérables querelles avec des barbares.

Lorsque le missionnaire protestant anglais Edkins visita en Chine un cloitre bouddhiste, le supérieur le reçut amicalement et s'offrit même à lui céder gratuitement un emplacement sur les terres du couvent, pour y bâtir une église chrétienne.

On pourrait trouver des exemples semblables, aussi bien dans les temps anciens que dans les temps modernes. Les prédicateurs chrétiens regardent une telle conduite comme une preuve d'indifférence et d'une coupable tiédeur religieuse. Les Bouddhistes, au contraire, sont persuadés que seule cette manière d'agir répond à la tolérance et à la bienveillance que le sublime fondateur de leur religion leur prescrit d'observer à l'égard de tout être vivant.

nouveau courage, aux heures de la tentation. Sa foi est affermie et il arrive plus facilement au recueillement. Tous les exercices religieux ont le même but. Ils sont importants et mêmes indispensables pour l'adhérent laïque, à qui ils rappellent continuellement la vraie signification de la vie. Ils détournent son esprit des tentations du monde et lui placent sans cesse devant les yeux le but suprême, qu'il doit chercher à atteindre.

Mais celui, qui a pris le chemin de la délivrance, qui s'est fait Bhikshou et ne vit plus que pour son développement moral et son propre perfectionnement, n'a plus besoin de ce secours.

146. *La Doctrine recommande-t-elle de vénérer les images, les statues et les reliques du Bouddha et de ses disciples?*

Non; le Bouddha enseignait que ces usages ne contribuent pas à la délivrance et qu'ils peuvent conduire au contraire à la superstition et à l'erreur.

147. *Pourquoi les Bouddhistes placent-ils*

donc des fleurs devant les statues du Bouddha et brûlent-ils de l'encens devant elles ?

Les adhérents laïques le font, pour exprimer, par un signe extérieur, leur vénération et leur reconnaissance pour celui qui a éclairé le monde. Les Européens mettent bien aussi des fleurs et des couronnes devant les monuments de leurs grands hommes et sur les tombes des morts qu'ils ont aimés. Un pareil usage n'est donc pas repréhensible. Mais celui qui croit ainsi s'acquérir un mérite particulier et se rapprocher de la délivrance est dans l'erreur.

148. *Y a-t-il des miracles ?*

Non ; un vrai miracle équivaudrait à la suspension ou à l'abolition d'une des grandes lois naturelles, ce qui est impossible. Le Bouddhisme enseigne que tout ce qui arrive, le fait conformément à des lois. Même les dieux supérieures sont soumis à ces lois, qui reposent sur l'ordre moral de l'Univers.

149. *N'y a-t-il pas cependant des phéno-*

*mènes et des événements qui nous sont
inintelligibles?*

Oui; il y en a beaucoup: mais on ne
doit pas s'en étonner. Ces événements
ont lieu suivant des lois naturelles, qui
nous sont encore inconnues, mais que le
Bouddha a reconnu conformes à l'ordre
général [1].

150. *Quelle est la différence principale
qui sépare la doctrine du Bouddha des
autres religions?*

Le Bouddhisme enseigne la bonté et la
sagesse suprêmes, sans un Dieu personnel; la continuation de l'existence, sans
une âme immortelle; une félicité éternelle, sans un ciel particulier; la possibilité de se sanctifier sans la médiation d'un
sauveur; une délivrance où chacun est
son propre libérateur et que l'on peut atteindre par ses propres forces, sans prières, sans sacrifices, sans pénitences ni

---

1. Pour les sauvages, le télégraphe, par exemple, est un miracle tandis que les Européens savent qu'il repose sur les lois de la nature. Il en
est de même pour les phénomènes que nous ne
pouvons pas nous expliquer.

exercices extérieurs, sans prêtres consacrés, sans médiation des saints ni intervention de la grâce divine; enfin une perfection suprême, à laquelle on peut arriver dès cette vie et sur cette terre.

151. *Le Bouddha a-t-il reconnu toutes ces vérités dans la nuit où il reçut la lumière sous l'arbre Bodhi?*

Oui; ces vérités ainsi que toutes les autres qui forment la base de la religion bouddhique et qui sont contenues dans les Saintes Écritures.

152. *Est-ce le Bouddha lui-même qui a composé ou écrit les Saintes Écritures?*

Elles n'ont été écrites ni par le Bouddha, ni par les frères, qui furent ses disciples immédiats. Ce n'était pas alors l'usage dans des Indes d'écrire des vérités religieuses ou philosophiques. Elles étaient transmises oralement du maître à l'élève et s'imprimaient dans la mémoire par de fréquentes répétitions, phrase pour phrase et mot pour mot. C'est ainsi qu'elles passaient d'une génération à une autre. Il en fut de même pour la doctrine du

Bouddha. Ce n'est que plusieurs centaines d'années après la mort du Bouddha que des Arahats écrivirent les Saints Livres sur des feuilles de palmiers. Ils ne le firent qu'après le troisième grand concile sous le règne du roi Asoka [1].

153. *Qui était le roi Asoka?*

Un des plus grands monarques des Indes. Il régna de 259 à 222 avant notre ère, se convertit au Bouddhisme, qu'il chercha à étendre sur toute la terre. Encore aujourd'hui les tables de pierre, sur lesquelles il fit graver les préceptes du Bouddha, témoignent de ses efforts et son nom est vénéré par tous les Bouddhistes.

154. *Tout ce que contiennent les Livres Saints n'est-il que pure vérité?*

Tout ce que les Ecritures Saintes ensei-

---

[1]. Tous les savants européens qui s'occupent de la langue ou de la philosophie de l'Inde, nous parlent de l'étonnante mémoire des Brahmanes. Max Müller en Angleterre, une des plus hautes autorités dans ces matières, prétend que si tous les livres et tous les manuscrits hindous venaient à disparaître subitement, on pourrait recomposer les écritures saintes, mot pour mot et syllabe pour syllabe, avec l'aide des Brahmanes, qui les savent par cœur.

gnent sur la religion, sur la souffrance
de la vie, sur nos fautes et sur le chemin,
qui conduit à la délivrance est la pure
vérité. Ces livres·contiennent cependant
aussi plusieurs erreurs.

155. *Le Bouddha a-t-il donc enseigné des
   erreurs ?*

Non ; un Bouddha n'enseigne rien d'er-
roné. Mais, dans le cours des siècles qui
se sont écoulés, on a accueilli dans les
Trois Pitakas quelques livres et quelques
passages qui ne devraient pas en faire
partie et c'est là que se trouvent des erreurs.

156. *Quel sont ces livres ou ces passages ?*

Ce sont ceux qui traitent de la naissance
du monde, de la forme et de la nature de
la terre, en un mot des sciences naturelles. Ces additions ne contiennent pas les
paroles du Bouddha et aucun Bouddhiste
n'est obligé d'y croire [1].

---

1. Le Bouddhisme n'a pas la prétention d'enseigner les sciences naturelles. Il n'a rien à faire
avec la forme extérieure des choses, mais avec

157. *Puisque tout ce qui a commencé doit périr, la doctrine du Bouddha est-elle aussi destinée à disparaître?*

Tant que le monde subsistera, la doctrine du Bouddha ne périra pas. Car son esprit est l'éternelle vérité elle même entrée dans la forme terrestre du mot et de leur essence intime. Il n'est donc ni hostile à la science, ni dans sa dépendance.

Le Bouddhiste éclairé se trouve dégagé de tout préjugé en face des sciences naturelles. Il en examine les résultats, sans être influencé par des scrupules religieux et accepte celles de leurs théories qui lui semblent les plus justes. Aussi, les savants européens ont ils été toujours bien accueillis dans les pays bouddhistes.

Le Bouddhiste sait que la science, comme tout ce qui est terrestre, est sujette à changer, qu'elle marche dans un progrès constant et qu'elle peut aujourd'hui enseigner des choses grandes et utiles, qu'on ne connaissait pas du temps du Bouddha. Il sait d'autre part que, quels que soient les progrès de la science, on ne pourra rien découvrir qui soit en contradiction avec la parole du Bouddha. Dans les idées bouddhiques, la science est la sœur terrestre de la vérité éternelle; elle éclaire notre intelligence et la rend accessible à la connaissance supérieure. La vérité éternelle, que le Bouddha a annoncée, conduit à la lumière et à la délivrance.

Celui qui a complètement reconnu et compris les Quatre Vérités de Salut, peut, à la vérité, se passer de la science; mais la science la plus profonde, considérée par rapport à la connaissance supérieure, fait encore partie de l'ignorance (Avidya), puisqu'elle ne saurait nous délivrer de la souffrance et de la nécessité de revivre.

l'idée et devenue vivante dans la personne du Bouddha. Mais la forme extérieure, qu'elle a pour ainsi dire revêtue, est sujette à changer. A chacun des âges humains, qui comptent des milliers d'années, naît un nouveau Bouddha, qui annonce, sous la forme qui convient à son temps, la doctrine de la souffrance et de la délivrance.

158. *Que signifie le mot : Confrérie des Élus ?*

Sous le nom de Confrérie des Élus, (Sangha) [1] on comprend la réunion de

---

1. On a traduit ici le mot Sangha par Confrérie des Élus, bien que cette traduction n'en rende le sens qu'incomplètement. Le Sangha est la réunion fraternelle de tous les Bhikshou et Samanas, les vrais disciples et imitateurs du Bouddha. Les mots Bhikshou et Samana eux-mêmes ne peuvent pas se traduire littéralement. Bhikshou veut dire : mendiant. Les Bhikshou ne sont cependant pas des mendiants, dans le sens moderne et européen du mot, qui a pour nous quelque chose de bas et d'avilissant. Le mot Samana désigne un homme qui, pour arriver à son développement moral, renonce à toutes les jouissances terrestres, c'est-à-dire un ascète. Cependant le Bouddhisme repousse l'ascétisme au sens chrétien du mot. La traduction la meilleure et la plus simple pour le mot Bhikshou serait peut-être celle de moine ou religieux mendiant. Mais, là encore, on peut craindre d'en donner une idée fausse.

tous ceux qui, en vrais disciples et imitateurs du Bouddha, abandonnent le monde et suivent le Sublime Sentier à huit parties de la Délivrance et de l'Affranchissement.

159. *Quels sont ceux qui ont le droit d'entrer dans la Confrérie?*

Tous ceux qui, sans acception de rang, de classe ou de race ont annoncé la ferme résolution de ne plus songer qu'à leur délivrance et qui ne sont pas sous le coup des cas d'exclusion, indiqués par la Règle.

160. *Quels sont ceux qui sont exclus par la Règle?*

Tous ceux qui sont atteints de maladies

Les Bhikshou ne sont pas, en effet, des moines mendiants, dans le sens chrétien du mot, car ils ne font pas le vœu d'obéissance à leurs supérieurs, et leurs vœux ne sont pas irrévocables. Traduire Bhikshou par « Prêtre » comme plusieurs savants européens l'ont fait, est un contre-sens : les religieux bouddhistes n'ayant ni consécration ni privilèges. Les Livres Saints bouddhistes nomment du reste souvent les Bhikshou et les Samanas « les Ariya » c'est-à-dire les nobles ou les élus et c'est encore la désignation qui répond le mieux à leur caractère et à leur situation en face de la grande masse de ceux qui n'ont pas quitté le monde.

incurables ou contagieuses; les enfants au dessous de quinze ans; les esclaves et les serfs, aussi longtemps qu'il n'ont pas obtenu légalement leur liberté. Tous ceux qui sont poursuivis par les autorités, tant que ces poursuites durent ou qu'ils n'ont pas subi leur peine; les débiteurs tant qu'il n'ont pas rempli leurs obligations. Les soldats et les employés, tant qu'ils sont au service; enfin les mineurs qui n'ont pas l'autorisation de leurs parents ou de leurs tuteurs.

161, *De quelle manière est-on reçu dans la Confrérie?*

Le novice commence par être élève (Samanéra) et doit subir un temps d'épreuve, sous la surveillance d'un maître, qu'il peut se choisir parmi les Frères.

162. *Quelle est la durée de ce temps d'épreuve?*

Pour les adultes qui ont déjà fait partie d'un autre ordre monastique, il dure quatre mois au moins. Pour les mineurs, il se prolonge jusqu'à leur majorité. Pour les autres, sa durée dépend de l'appréciation du maitre spirituel et de l'aptitude de l'élève.

163. *Quels sont les devoirs du Samanéra?*

Dès le jour de sa prise d'habit, le Samanéra accepte toutes les obligations des Frères. Il doit renoncer à toute préoccupation mondaine ; observer les dix vœux ; s'adonner avec zèle à l'étude de la Sainte Doctrine ; remplir fidèlement et dans toute leur étendue les prescriptions de la règle de la Confrérie ; enfin ne plus poursuivre qu'un but : celui d'arriver à la délivrance, et à l'affranchissement spirituel et moral.

164. *Quelles sont les huit parties du Sentier Sublime ?*

1° Connaissance droite, libre de préjugés, de superstitions, d'illusions.

2° Volonté droite, tournée vers le but suprême, digne de l'homme noble et éclairé.

3° Parole droite, bonne, simple, sincère.

4° Action droite, pacifique, honnête, pure et bienveillante.

5° Vie droite, c'est-à-dire une vie qui ne puisse nuire ou faire tort à aucun être vivant.

6° Efforts droits, ayant uniquement pour but de vaincre l'ignorance, les désirs et la volonté de vivre.

7° Pensée droite, sans cesse dirigée sur la Sainte Doctrine et sur la Règle.

8° Recueillement droit, qui consiste à abstraire absolument ses sens, son attention et sa pensée de tout ce qui est extérieur et à abandonner son état conscient et sa volonté dans le Nirvâna.

165. *Comment sont conçus les dix vœux de la Confrérie?*

1° Je fais vœu de ne tuer ou blesser aucun être vivant.

2° Je fais vœu de ne pas prendre ce qui ne m'appartient pas ou ce qui ne m'est pas donné volontairement.

3° Je fais vœu de vivre dans une absolue chasteté.

4° Je fais vœu de dire toujours la vérité, de ne jamais mentir, de ne jamais tromper ni calomnier personne.

5° Je fais vœu de ne jamais boire de liqueurs enivrantes.

6° Je fais vœu de ne manger qu'aux temps prescrits.

7° Je fait vœu de ne pas danser, de ne pas chanter des chants profanes, de ne pas visiter les représentations théâtrales ou musicales et enfin de m'abstenir de tous les plaisirs mondains.

8° Je fais vœu de renoncer à la vanité, à l'usage des parures, de quelque nature qu'elles soient, et à celui des parfums.

9° Je fais vœu de ne pas me servir de lits somptueux, mais d'une couche basse et dure.

10° Je fais vœu de vivre toujours dans la pauvreté volontaire.

166. *En quoi consistent les règles de la Confrérie ?*

Ce sont les préceptes d'une vie pure et sainte, donnés par le Bouddha et contenus dans le Vinâya. Ils peuvent se partager en quatre divisions :

1° Préceptes se rapportant à l'ordre et à la discipline extérieurs ;

2° Indications relatives à la préparation et à l'usage de la nourriture, des vêtements et des autres objets nécessaires à la vie.

3° Règles de conduite pour arriver à vaincre les désirs sensuels et les passions.

4° Moyens d'arriver à la connaissance spirituelle supérieure et de se perfectionner soi-même.

Lorsque le Samanéra a été instruit dans l'exercice de tous ces vœux, de toutes ces règles et tous ces préceptes et lorsqu'il a accompli, sans encourir de graves reproches, son temps d'épreuve, sa réception (Oupasampada), comme Frère (Bhikshou, Samana), a lieu dans l'assemblée solennelle des Frères.

167. *Peut-on sortir de la Confrérie, lorsqu'on y a été une fois reçu?*

On le peut toujours. La doctrine bouddhique et la règle de la Confrérie n'admettent ancune contrainte. Celui qui regrette les joies du monde peut toujours avouer sa faiblesse à son supérieur. La Confrérie ne le retient pas et il peut se retirer libre-

ment sans encourir de honte ni de reproche.

Quant au Samana qui déshonore l'habit
qu'il porte et la Confrérie à laquelle il
appartient, en manquant gravement à ses
vœux, il encourt la peine la plus sévère
que connaisse la Règle. Il est rejeté de la
Confrérie.

168. *Est-il permis aux Frères de choisir
leur séjour à leur gré?*

Non; ils doivent entrer dans des couvents (Vihâras) ou vivre en solitaires dans
les forêts [1].

169; *Quels sont les rapports qui unissent
la Confrérie aux adhérents laïques
(Oupâsakas)?*

Ces rapports sont purement moraux et
ne reposent sur aucune obligation extérieure. La Confrérie doit être, pour les
adhérents laïques, un exemple vivant de
continence, de renoncement et de sain-

---

[1]. Les membres féminins de la Confrérie
(Bhikshouni) habitent naturellement des couvents
séparés. La vie solitaire ne leur est pas permise et
elles sont toujours soumises à la surveillance des
supérieurs de la Confrérie.

teté. S'ils le désirent elle doit leur expliquer, leur commenter la Doctrine et leur donner aide et conseil dans toutes les situations de la vie, où ils peuvent avoir besoin de consolation ou d'encouragements.

170. *Comment les adhérents laïques doivent-ils se conduire envers la Confrérie ?*

Ils doivent montrer aux Frères la considération et le respect qui leur sont dûs, pouvoir à leur entretien et leur fournir la nourriture, les vêtements, les demeures, etc., qui leur sont nécessaires [1]. Ils s'acquièrent ainsi des mérites et contribuent à leur propre bien dans cette vie et dans les suivantes.

171. *La Confrérie a-t-elle un pouvoir*

1. Faire des dons à la Confrérie n'est pas un « devoir » pour l'adhérent laïque. Ce qu'il donne, il le donne librement, reconnaissant qu'il le fait pour son propre bien. D'après la doctrine bouddhique, le Bhikshou n'est pas tenu à de la gratitude pour l'Oupâsaka qui lui fait un don. C'est celui-ci, au contraire, qui doit être reconnaissant au Bhikshou, qui lui fournit une occasion de s'acquérir des mérites, en exerçant sa bienfaisance.

spirituel sur les adhérents laïques ?
Non ; le Bouddhisme ne connaît ni ex-
communication, ni pénitences ecclésias-
tiques. ni moyens de discipline extérieurs
pour les adhérents laïques. Mais la Confrérie rompt tous rapports avec un Oupâsaka qui s'est rendu coupable de graves
fautes morales, ou qui a outragé le Bouddha, la Doctrine ou la Confrérie. Le vase
à aumônes est retourné devant lui, c'est-
à-dire qu'il est déclaré indigne de faire
des dons aux Frères.

172. *Comment doit être le vrai Bhikshou,
suivant les paroles de la Doctrine ?*

Voici les paroles des Saintes Écritures :
Que celui qui, désirant et voulant le bien,
aspire au Nirvâna. à la paix suprême,
soit : sincère, honnête et consciencieux.
doux dans ses paroles. bienveillant, mo-
deste ; qu'il se contente de peu et n'ait pas
d'inquiétudes ; que son cœur soit tran-
quille ; qu'il ne montre ni prétentions ni
désirs.

Qu'il ne fasse rien de bas ; que sa pensée, ses paroles et ses actions soient.

toute sa vie, dirigées suivant la Règle et la Sainte Doctrine ; qu'il s'affermisse dans la connaissance des Quatre Vérités de Salut et qu'il marche toujours irréprochablement sur le Sublime Sentier à huit parties. Que le bonheur ne le rende pas joyeux, que le malheur ne le rende pas triste ; que l'estime des hommes ne lui donne pas d'orgueil, que la persécution et l'outrage ne l'abattent pas ; qu'il garde toujours l'égalité de cœur de celui qui est délivré de la volonté.

Qu'il se souvienne toujours que ce qui fait le Samana, ce n'est pas l'habit, ni l'observation extérieure des vœux et des préceptes, ni la vie solitaire, la pauvreté et l'humilité, ni la science et l'érudition. Celui qui est dégagé de tous les penchants et de tous les désirs sensuels, celui dont le cœur est pur et qui a vaincu l'égoïsme, celui-là seul est un vrai disciple du Bouddha.

Aussi, qu'il n'ait qu'un but : son perfectionnement spirituel. Qu'il soigne en lui-même la connaissance, l'égalité de cœur et la bienveillance.

Qu'il soit bien disposé pour tous les êtres vivants sur cette terre et dans les autres mondes; pour ceux qui sont élevés, comme pour ceux qui sont bas, pour les bons, comme pour les méchants; pour ceux qui sont loin, comme pour ceux qui sont près.

Qu'il ne trompe personne, qu'il ne menace personne, qu'il ne méprise personne qu'il ne blesse personne. Qu'il jette sur tous les êtres un regard plein de compassion et de bienveillance, comme une mère regarde son unique enfant. Que chaque jour, chaque heure, il cultive en lui-même ces sentiments.

Que le cœur de celui qui chemine sur le Sublime Sentier à huit parties, soit comme le lac profond des montagnes : pur et immobile.

Car celui qui vit dans la pureté, libre de superstitions et d'illusions, d'espérance et de crainte, de passion et de désir, de haine et d'amour; celui qui a complètement vaincu l'envie d'exister et qui a conquis la vraie connaissance, mettra un terme à la souffrance et à la nécessité des vies successives et entrera dans le suprême Nirvâna.

Le Puy. imp. Marchessou fils.